초판 1쇄 발행 2018년 01월 20일

글 ㅣ 해바라기
그림 ㅣ 김옥현
감수 ㅣ 박의수
발행인 ㅣ 윤옥임
편집 ㅣ 김은태, 김신정
마케팅 ㅣ 김동선, 손홍석

펴낸 곳 브라운힐 **주 소** 서울시 마포구 신수동 219번지
전화 02) 713-6523 **팩스** 02) 3272-9702
ISBN 979-11-5825-049-2(63370)

이 책 〈일등하는 아이들의 과목별 공부 방법〉은 여러분들이 좀 더 체계적으로 각 과목을 공부할 수 있도록 다양한 방법들을 제시하고 있어요.

혹시 공부하는 방법을 몰라 고민하거나, 성적이 오르지 않아 고민하는 학생이 있다면 이 책 한 권으로 깨끗이 해결할 수 있을 거예요.

각 과목별로 분류가 되어 있을 뿐 아니라 단계적인 방법을 제시하고 있기 때문에 누구나 쉽게 이해할 수 있을 겁니다.

이 책을 보고 '나는 왜 그 동안 이런 방법으로 공부하지 않았을까!' 하고 후회하지는 마세요. 이제부터 시작해도 늦지 않으니까요.

자! 오늘부터라도 **이 책과 함께 일등**에 도전해 보세요.

글쓴이 **해바라기**

제3장 일등하는 아이들의 국어 공부법

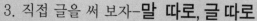

제4장 일등하는 아이들의 **사회&과학 공부법**

부록

일등 하는 아이들의 영어 공부법

영어? 한번 해 보지 뭐!

아침부터 현준이네 가족은 손님 맞을 준비를 하느라 분주합니다. 미국으로 이민 간 큰이모와 사촌 누나인 쥴리가 15년 만에 한국에 오기 때문입니다.

"현준아! 방 다 치웠니?"

"네～에. 아까도 물어보셨잖아요."

"화장실 청소도 다 한 거지?"

"아휴! 했다니깐요."

현관 청소를 하던 현준이는 슬슬 짜증이 나기 시작했습니다. 현준이뿐 아니라 현준이네 집에서 대학을 다니는 막내삼촌까지 열심히 청소를 하는데 동생 현호가 도통 보이질 않았거든요.

'형님은 열심히 청소하고 있는데, 이 녀석은 도대체 뭘 하고 있는 거야?'

현준이는 끼고 있던 고무장갑을 벗어던지고 현호 방문을 거칠게 열었습니다. 현호는 침대에 벌러덩 누워 영어 회화책을 보고 있었습니다.

현준이는 기가 막혀 냅다 소리를 질렀습니다.

"야! 너, 뭐해? 형님은 땀 뻘뻘 흘리며 일하는데 넌 태평하게 누워서 책을 보고 있어?"

현호는 형이 화난 것에는 아랑곳하지 않고 태연스럽게 대답했습니다.

"처음 보는 누나 앞에서 영어 못한다고 망신당할 순 없잖아."

"야, 여기는 한국이야. 고등학생씩이나 돼서 한국 말 못하는 사람이 바보지."

가뜩이나 영어라면 알파벳조차도 보기 싫은데 동생까지 영어 타령을 하니까 현준이는 괜히 화가 났습니다.

"청소하기 싫으면 관둬! 나 혼자 하고 칭찬받으면 그만이지 뭐."

현준이는 방문이 부서져라 세차게 닫고는 씩씩거렸습니다. 막내삼촌은 심통난 현준이를 그저 재밌다는 듯이 웃으며 쳐다보았습니다.

엄마를 도와 청소를 하다 보니 어느 새 공항으로 이모 마중을 가신 아빠에게서 20분 정도 후면 도착한다는 전화가 왔습니다. 막상 이모와 사촌 누나를 만날 생각을 하니 현준이도 조금은 긴장이 되었습니다. 이모와 사촌 누나는 현준이와 현호가 태어나기 전에 이민을 갔기 때문에 만나는 것은 이번이 처음이었습니다.

잠시 후 현준이 아빠와 이모 그리고 쥴리가 도착했습니다. 현준이 엄마는 오랜만에 보는 큰이모를 반갑게 끌어안았습니다.

"언니, 하나도 안 변했네."

그리고 쥴리를 보고는 두 손을 꼭 잡고 반갑게 말했습니다.

"어머~ 쥴리는 어느 새 아가씨가 다 됐구나!"

현준이 엄마에게 쥴리는 어눌한 발음으로 인사를 했습니다.

"안뇽… 하세요."

한국 사람이라고 하기에는 도저히 믿을 수 없는 이상한 발음이었습니다.

큰이모는 처음 만나는 현준이, 현호와도 가볍게 포옹했습니다.

"녀석들, 사진보다 훨씬 잘생겼는걸."

잘생겼다는 말에 현준이와 현호는 머쓱한 웃음을 지었습니다. 그 때였어요. 갑자기 현호가 쥴리에게 다가가더니 악수를 하며 인사를 건넸습니다.

"Hi! My name is Hyun-ho."

그러자 쥴리도 뭔가 영어로 대답했습니다.

'뭐라고 하는 거야. 도통 알아들을 수가 있어야지.'

현준이는 그냥 멋쩍게 씩 웃는 것으로 쥴리와의 첫인사를 대신했습니다.

현준이네 가족과 인사를 마치자마자, 곧 큰이모를 보기 위해 친척들이 서둘러 찾아왔습니다. 모두 오랜만에 만나는 거라 서로 껴안고 인사하는 바람에 소란스러웠습니다. 특히 중학교에 다니는 지민이 누나, 현준이와 동갑인 다인이는 쥴리와 뭐가 그렇게 재미있는지 까르르 웃어가면서 난리였습니다. 알아들을 수 없는 영어에 손짓까지, 현준이는 정신이

하나도 없었습니다. 꿔다 놓은 보릿자루마냥 멍하니 앉아 있는 현준이
에게 다인이가 말했습니다.

"야, 현준아. 쥴리 언니가 너 몇 학년이냐고 물어 보잖아."

순간 당황한 현준이는 머뭇머뭇거리다 손가락 여섯 개를 펴 보였습니다.

그러자 쥴리와 다인이가 현준이를 힐끔힐끔 쳐다보더니 또다시 영어
로 뭐라뭐라 중얼거렸습니다.

'아휴~! 내 흉보고 있는 거 아냐?'

현준이는 얼굴이 벌겋게 달아오르는 것 같았습니다. 게다가 두 살이나
어린 현호까지 사전을 들추어가며 쥴리와 계속 이야기를 하고 있는 걸

보니 현준이는 더 이상 그 자리에 있을 수가 없었습니다.

방으로 들어왔지만 밖에서 영어로 이야기하는 소리가 현준이 귀에 따갑게 들려왔습니다.

다음 날, 큰이모와 쥴리가 할머니가 계시는 대전으로 내려가는 날이었어요. 현호는 쥴리와 멋지게 포옹도 하면서 영어로 뭐라고 이야기를 하는데 현준이는 그저 손만 어색하게 흔들었습니다. 쥴리가 무슨 말을 했지만 알아듣지 못해 얼굴만 벌개졌습니다.

큰이모가 답답한 현준이 마음을 눈치챘는지 옆에서 거들어 주었습니다.

"누나가 내년에 대학에 입학하면 방학 때 한국어학당에 올 테니까, 그때 한국어로 이야기 많이 하자는구나."

"네."

현준이는 그제야 고개를 끄덕이며 모기만한 목소리로 대답했습니다.

큰이모와 쥴리가 돌아가자 막내삼촌이 현준이 방으로 들어왔습니다.

"우리 조카가 왜 이렇게 시무룩해져 있지?"

"내가 뭘……."

현준이는 애써 태연한 척했습니다.

"현준아, 지금부터라도 영어 공부를 해 보면 어떨까?"

"뭐~어?"

현준이는 눈을 동그랗게 떴습니다. 마치 삼촌이 현준이 마음을 훤히 들여다본 듯했습니다. 삼촌은 현준이 어깨를 감싸안으며 말했습니다.

"시작이 반이라는 말도 있잖아. 이제부터라도 조금씩 영어 공부를 하면 다음에 줄리 누나를 만났을 땐 재미있게 어울릴 수 있지 않을까?"

현준이는 자신의 마음을 알아주는 삼촌이 너무 고마웠습니다.

하지만 현준이는 막상 영어 공부를 시작하려니 두렵기만 했습니다.

"삼촌, 내가 정말 잘할 수 있을까?"

"그럼. 영어도 사람이 하는 말인데."

"하지만 현호는 벌써 줄리 누나랑 얘기도 하던데……. 창피하잖아, 동생보다 못하면……."

아무래도 현준이는 자신이 없었습니다. 의기소침해하는 현준이에게 삼촌은 다시 용기를 주었습니다.

"늦게 시작한 만큼 더 열심히 하면 되잖아. 옛말에 형보다 나은 아우는 없다고, 또 아냐? 네가 현호보다 더 잘하게 될지?"

"좋았어! 열심히 해서 이 형님이 동생 코를 납작하게 해 주지."

현준이는 삼촌과 멋지게 하이파이브를 했습니다.

1. 흥미와 끈기를 갖자

1) 꿈을 갖는다

외국 배우를 아주 좋아한 한 학생은 단순히 팬레터를 쓰기 위해 외국어 공부를 시작했다고 합니다.

자기가 좋아하는 배우와 만나서 이야기할 꿈을 꾸면서 열심히 공부한 이 학생은 지금 멋진 동시 통역사가 되어 있습니다. 꿈에 그리던 그 배우가 한국에 오면 바로 옆에 서서 통역을 하고 있지요.

외국어, 특히 영어는 세계화 시대에 발맞춰 어차피 해야 하는 공부입니다. 위의 학생처럼 여러분도 영어에 대한 꿈을 가져 보세요.

2) 매일 꾸준히 한 걸음씩

어렸을 때 미국에서 살다 온 친구가 있는데, 몇 년 지난 지금은 영어를 잘 못합니다. 그 멋진 발음도 엉성해졌습니다. 학교에서 친구들과 한국말을 하고 영어를 사용하지 않다 보니 점점 잊어버린 것이죠.

미국에서 살다 온 친구도 이런데 하물며 우리가 영어를 벼락치기로 하면 잘할 수 있겠어요?

영어는 매일 해야 합니다. 어느 날 갑자기 잘하게 되는 것이 아니라, 한 걸음 한 걸음 꾸준히 하다 보면 자신도 모르는 사이에 유창한 영어 실력을 자랑할 수 있게 될 것입니다.

2. 자신감을 키우자

1) 문법 공부를 한다

흔히 영어는 말하기, 듣기만 공부하면 잘할 수 있다고들 합니다. 문법은 필요 없고 그저 많이 듣고 말하면 실력이 는다고 생각하지요. 하지만 그건 잘못된 생각입니다. 영어는 우리말과 어순도 다르고 문법도 다릅니다. 그렇기 때문에 문법을 모르고서는 영어 실력을 키울 수가 없습니다. 문법은 영어를 더 잘하기 위한 하나의 발판 같은 것입니다.

그렇다고 어려운 문법 공부를 하라는 것은 아닙니다. 정말 기초가 되는 문법을 익혀 두도록 하세요. 그러면 독해와 회화를 더욱 잘할 수 있게 될 것입니다.

2) 두려움 없이 도전해 본다

외국인과 별 무리 없이 영어로 대화를 하는 중학생이 있습니다. 어학 연수를 다녀왔다든가, 비싼 학원에서 영어를 공부한 학생이 아닙니다. 보통 아이들처럼 초등학생 때 처음 영어를 배우기 시작했습니다. 다만 다른 학생과 다른 점이 있다면 영어에 대한 호기심과 열정이 그야말로 장난이 아니라는 것입니다.

수업 시간에 전화 걸기에 대해 공부를 한 그 날, 그 학생은 학교에서 돌아오자마자 전화번호부를 뒤져 무턱대고 외국인에게 전화를 걸었다고 합니다. 그리고 수업 시간에 배운 내용을 그대로 해 보았대요. 정말 간단한, 몇 마디 안 되는 말이었지만 직접 외국인과 이야기해 보니까 용기가 생기고 자신감이 더욱 커졌다고 합니다.

두려움 없는 도전만큼 영어 공부에 도움이 되는 것은 없습니다.

3. 단어를 쉽게 외우자

1) 사전을 이용해 나만의 단어장을 만든다

영어 공부를 할 때 단어 외우는 것만큼 힘들고 귀찮고 짜증나는 게 없습니다. 외워도 외워도 금방 잊어버리고, 필요할 때는 안 떠오르고 가물가물하기만 하고……. 하지만 영어에서 단어는 그야말로 재산입니다. 많은 단어를 외워야 다양하고 멋진 표현을 할 수 있습니다. 외우기 힘들어도 조금이나마 쉽게 외울 수 있는 방법을 찾아 꾸준히 익히는 수밖에 없습니다.

우리 반의 단어 박사는 사전을 찾아가며 직접 단어장을 만듭니다. 물론 서점에 가면 좋은 단어장이 많지만 어떤 것은 너무 쉽고, 또 어떤 것은 너무 어렵습니다. 또 단어장 크기도 마음에 안 들어 직접 만들기로 했답니다.

사전을 찾다 보면 자신도 모르게 단어를 쉽게 기억할 수 있다고 합니다. 철자하나하나를 입으로 중얼거리면서 손으로 찾으면 그만큼 기억하는 데 도움이 되는 것이지요.

2) 우리 주변에 있는 영어 단어부터 관심을 갖는다

가족이 모두 미국으로 이민을 가게 된 학생이 있습니다. 그 동안 영어에는 도통 관심이 없었는데, 갑자기 미국으로 건너 갈 생각을 하니 눈앞이 캄캄해지더래요. 그러던 어느 날, 은행 문에 적힌 push와 pull을 보고 우리 주변에 있는 영어 단어를 익히기 시작했다고 합니다.

그리고 자신도 모르게 꽤 많은 영어 단어를 사용하고 있다는 것을 알고, 그 후부터는 보이는 대로 사전을 찾아봤대요. bakery, arcade…….

그리고 영화 포스터 제목도 사전을 찾아봤대요. 'Sold out' 'Goodbye my

friend' 'Cinema paradise' 등등. 하나하나 찾아가다 보니 지금은 영어에 대한 부담이 없어졌다고 합니다.

여러분도 한번 우리 주변에 있는 영어를 찾아보세요. 공부라고 생각하면 뭐든 어렵습니다. 놀이라고 생각하고 부담 없이 시작해 보세요.

3) 문장을 통째로 외운다

단어를 외우기 위해 집 안의 물건에 단어를 써서 붙여 놓은 학생들이 많을 것입니다. 잘 보이는 곳에 붙여 놓기 때문에 자주 보게 되고, 볼 때마다 한 번씩 따라 하다 보면 잘 잊어버리지도 않을 거예요.

그런데 table 또는 glass 하고 단어만 써 놓는 경우가 많습니다. 앞으로는 단어를 숙어나 문장과 함께 쓰도록 하세요. on the table, a cup of glass 식으로요. 전치사 따로, 단어 따로, 숙어 따로 공부하면 쓸데없이 공부할 양만 늘어날 뿐입니다.

또 단어를 문장과 함께 써 놓으면 일상 회화에 많은 도움이 된답니다.

bathroom이라고만 써 놓지 말고 'bathroom : I wash my hands in the bathroom.' 식으로 써 붙여 문장을 통째로 암기하세요.

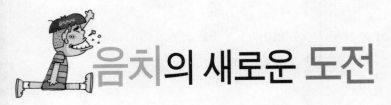음치의 새로운 도전

"자, 오늘 수업은 여기까지. 다음 시간에는 오늘 배운 노래를 한 명씩 불러 볼 테니까 집에 가서 연습하도록."

선생님이 나가자 두식이는 한숨을 쉬었습니다. 오늘도 음악 시간에 혼자 음정과 박자를 틀렸기 때문입니다.

음악 시간이 끝나자마자 민재와 석재가 두식이 자리로 몰려와 놀렸습니다.

"야, 최두식! 너, 진짜 끝내 주더라."

"하하하! 난 너처럼 하려고 집에서 연습까지 해 봤는데 도통 안 되던걸."

두식이는 아무 말없이 그저 아이들이 놀리는 소리를 듣고만 있었습니다.

두식이는 음악 시간을 제일 싫어합니다. 아무리 음정과 박자에 맞춰서 부르려 해도 그게 뜻대로 잘 되지 않습니다. 반 아이들은 그런 두식이를 음치라며 대놓고 놀렸습니다.

다음 음악 시간이 되었어요. 아이들은 저마다 노래 연습을 하느라 난리였습니다. 하지만 반에서 음치로 소문난 두식이는 잔뜩 풀이 죽어 있었습니다.

'오늘도 내가 노래하면 아이들이 놀릴 텐데……'

두식이는 아이들에게 놀림당할 생각을 하니 벌써부터 얼굴이 달아올랐습니다.

여러 아이들 차례가 지나고 드디어 두식이 차례가 되었습니다.

"야, 최두식! 오늘도 기대된다."

"보나마나 뻔하지 뭐."

아이들의 비아냥거리는 소리가 두식이 귓가에 맴돌았습니다. 하지만 두식이는 최선을 다해 노래를 끝까지 불렀습니다. 하지만 오늘도 역시 음정을 잘못 잡아 교실 안은 웃음바다가 되었습니다.

음악 시간이 끝나고 쉬는 시간이 되자 석재가 히죽히죽 웃으며 두식이에게 다가왔습니다.

"두식아, 노래를 너처럼 부르려면 도대체 어떻게 해야 하니? 난 아무리 노력해도 안 되더라. 그리고 보면 음치는 타고나는 모양이야?"

두식이 얼굴은 점점 더 벌겋게 달아올랐습니다. 옆에서 민재가 한 마디 거들었습니다.

"체육 시간에는 몸치로 유명하니까 넌 우리 반에서 유일한 2관왕이

다, 2관왕! 하하하……."

너무 창피한 두식이는 당장이라도 어디론가 숨고 싶었지만, 간신히 속상한 마음을 가라앉혔습니다. 그리고 여느 때처럼 조용히 영어 동화책을 펼쳤습니다.

어려서부터 책읽기를 좋아한 두식이는 웬만한 위인전이나 동화책은 안 읽은 게 없습니다. 그 뿐만 아니라 영어 공부를 꾸준히 해 온 덕분에 웬만한 영어 동화책은 술술 읽어나갈 정도의 수준입니다. 하지만 반 친구들에게는 음치에 몸치인 두식이가 영어책을 읽는 것이 꼴불견으로 보일 뿐이었습니다.

"야, 똥폼 좀 그만 잡아라. 네가 무슨 영어책을 읽는다고 그러냐?"

"네가 그러고 있으면 우리가 널 부러워할 줄 아나 본데, 천만의 말씀!"

아이들의 놀림에도 두식이는 묵묵히 책만 읽었습니다.

며칠 후 종례 시간이었습니다.

"다음 달에 학교에서 영어 말하기 대회가 열리는데, 우리 반 대표를 뽑아야 하니까 관심 있는 사람은 열심히 준비해 봐."

지난 번 웅변 대회에서 상을 탄 진숙이가 손을 번쩍 들었습니다.

"선생님! 반 대회는 언제 하실 건데요?"

"일주일 후에 하자. 그 때 자신의 실력을 마음껏 뽐내 보도록!"

선생님이 나가자 아이들은 웅성거렸습니다.

"보나마나 또 진숙이가 뽑히겠지?"

미영이는 진숙이를 힐끔 보며 부러운 듯이 말했습니다.

"우리말을 잘한다고 영어를 잘하는 건 아니잖아."

수진이는 입을 삐죽이며 진숙이를 쳐다보았습니다.

석재는 기다렸다는 듯이 두식이에게 비아냥거리며 말을 걸었습니다.

"야, 최두식! 축하한다."

"응? 뭐, 뭘 말이야?"

두식이는 커다란 눈을 끔뻑거렸습니다.

"이번에 영어 말하기 대회 말이야. 반 예선에서 말더듬이로 뽑힐 거 아냐."

두식이는 아무 대꾸도 하지 않았습니다. 민재까지 한 마디 거들고 나섰습니다.

"하하하! 맞다, 맞아. 그럼 음치, 몸치, 말더듬이까지 3관왕이네?"

내성적인 두식이는 아이들에게 한 마디도 하지 못했습니다.

'내가 노래도 못하고 체육도 못하지만 영어는 자신 있다구. 너희들, 나중에 놀랄 준비나 해라.'

매일매일 영어 공부를 해 왔던 두식이는 영어 말하기 대회에서 반 대표로 뽑힐 자신이 있었습니다. 하지만 두식이가 영어 공부를 꾸준히 해 왔다는 걸 모르는 반 아이들은 두식이를 놀릴 뿐이었습니다.

집으로 돌아온 두식이는 곧바로 말하기 대회 준비에 들어갔습니다. 일단 주제를 '우리 가족'으로 정하고 한글로 원고를 썼습니다. 그러고 나서 모르는 단어는 사전을 찾아가며 열심히 영어로 옮겼습니다. 그래도 잘 모르는 부분은 아버지의 도움을 받았습니다.

완성된 원고로 며칠 동안 연습했더니 이제는 어느 정도 외워지고 자신도 생겼습니다.

'그럼 이번엔 거울을 보고 연습해 볼까?'

두식이는 제법 손동작까지 해 가며 영어로 말하기 시작했습니다. 원고 내용에 맞게 가족 사진도 준비했습니다. 자신이 말하는 것을 녹음까지 해 가면서 발음 교정도 했습니다.

드디어 말하기 대회 반 대표를 뽑는 날이 되었습니다. 후보자 몇 명이 영어로 발표를 하고 드디어 두식이 차례가 되었습니다. 교단 앞으로 걸어가는 두식이 등에 대고 석재가 깐죽거렸습니다.

"야, 보나마나 결과는 뻔할 텐데 넌 그냥 빠져라."

두식이는 바짝 약이 올랐지만 이번만큼은 반 아이들의 놀림감이 되지 않을 자신이 있었습니다.

교단에 올라선 두식이는 심호흡을 한 뒤, 영어로 자신의 이야기를 시작했습니다. 말을 더듬을 것이라는 아이들의 예상과는 달리, 두식이는 또박또박 침착하게 커다란 목소리로 말했습니다.

"어럽쇼? 저 녀석이 언제 저렇게 영어를 잘했지?"

석재가 놀랍다는 표정으로 말했습니다.

"조금만 기다려 봐. 지금은 어떻게 외워서 하고 있는 거겠지."

민재는 잠시 후 망신당할 두식이를 생각하며 히죽거렸습니다. 하지만 두식이의 말하기가 계속되면 될수록 반 아이들의 눈동자는 두식이에게서 떠날 줄을 몰랐습니다.

"어? 이거 장난이 아니네……."

"그러게 말야. 저 녀석, 영어 공부를 진짜 열심히 했나 봐."

석재와 민재도 어느 새 두식이의 말하기에 귀를 기울이기 시작했습니다. 다른 아이들도 평소와 전혀 다른 두식이의 모습에 놀라지 않을 수 없었습니다.

두식이는 아이들이 귀기울여 듣기 시작하자 점점 더 자신감을 얻었습니다. 떨리던 마음도 사라졌고 목소리도 자신감에 넘쳤습니다.

두식이의 말하기가 모두 끝나자 교실이 떠나갈 것 같은 박수소리가 터져나왔습니다. 말하기 대회 반 대표로 당연히 두식이가 뽑혔습니다. 항상 음치, 몸치라며 자신을 놀리던 반 아이들이 환호를 보내자 두식이는 당당하게 브이 자를 그려 보이며 웃었습니다. 그 동안 노력했던 두식이의 진가가 발휘되는 순간이었습니다.

듣고 말하며 영어와 친해지자

1. 교재를 이용하자

1) 테이프가 늘어질 때까지 듣는다

앞으로 토플 시험에 듣기와 말하기 부분이 강조된다고 합니다. 시험에서 좋은 점수를 받은 학생도 막상 회화를 해 보면 실력이 많이 떨어지기 때문이라고 해요. 그만큼 듣기와 말하기는 중요합니다.

말하기에 앞서 영어의 귀가 뚫리기 위해서는 열심히 듣는 수밖에 없습니다. 그 가운데 하나가 테이프를 듣는 방법입니다. 그렇다고 남들이 좋다면 이것저것 다 찾아 듣는 것은 별로 도움이 되지 않습니다. 한 가지를 정해 놓고 외우다시피 듣는 것이 가장 좋습니다.

테이프를 들을 때는 단어를 하나하나 짚어가면서 들으려 하지 마세요. 영어 그대로를 받아들여야 귀가 뚫립니다. 그리고 테이프를 틀어놓고 자는 것도 좋습니다. 왜냐하면 보통 잠들기 바로 전에 가장 집중이 잘 되기 때문입니다.

2) 교육 방송과 CD-ROM을 이용한다

교육 방송을 꾸준히 보고 있나요? 텔레비전에서 하는 영어 교육 방송은 학년별로 수준에 맞춰 드라마 형식으로 방송되기 때문에 꽤 재미있습니다.

화면을 보니까 드라마 내용을 대강 알 수 있어서 지루하지 않고, 간단한 말이 반복되기 때문에 생활 영어를 익히기에는 그만입니다.

처음에는 영어가 잘 들리지 않더라도 포기하지 말고 꾸준히 시청해 보세요. 자기도 모르는 사이에 귀가 뻥 뚫릴 것입니다.

그리고 CD-ROM도 좋은 교재입니다. 소리를 들을 수 있고, 그림을 볼 수 있으며, 직접 글자도 써넣을 수 있기 때문이지요. CD-ROM은 반복 효과뿐 아니라 다른 교재들과 달리 직접 마우스를 조작하면서 게임을 하듯 따라할 수 있기 때문에 지루하지 않다는 장점이 있습니다.

3) 비디오 볼 때 자막을 보지 않는다

비디오를 볼 때 자막을 안 보면 답답할 것입니다. 무슨 소리인지도 모르겠고, 영화 한 편이 짧기나 하나요.

그런데 비디오로 공부하는 학생들은 비디오를 한 번만 보는 게 아니라고 합니다. 처음에는 그냥 그림과 간단한 대화로 내용을 파악하고, 그 다음에는 발음과 억양을 기억한다고 해요. 그리고 단어와 자막을 비교하고요. 그러다 보면 간단한 회화 같은 것은 저절로 기억된다고 하네요.

2. 마음껏 떠들어 보자

1) 큰 소리로 읽고 따라한다

책을 읽을 때는 그냥 눈으로만 읽지 말고 큰 소리로 소리 내어 읽어 보세요. 소리 내어 읽으면 자신의 발음이 어디가 이상한지 알 수 있어 발음을 교정할 수 있습니다. 자신의 목소리를 녹음해서 듣는 것도 좋습니다. 친구나 동생들에게 구연동화를 하듯 영어책을 읽고 녹음해 보면 어디가 어색한지 알 수 있을 것입니다.

2) 외국인에게 말걸기

요즘은 한국을 찾는 외국 관광객들이 많습니다. 혹 길에서 외국인을 보면 먼저 다가가 가볍게 인사를 건네 보세요. 이상하게 생각하지 않을까 걱정하지 마세요. 얼굴에 철판을 깔고, 말을 걸어 보세요. 생각보다 아주 반가워할 것입니다.

어렵고 긴 이야기를 할 필요는 없습니다. 까짓 실수 좀 하면 어때요. 영어가 모국어가 아니니 우리가 실수하는 것은 당연합니다. 우리도 외국 사람이 우리말을 더듬더듬 한다고 흉보는 사람은 없잖아요.

외국인과 대화를 나눠 본 사람과 그렇지 않은 사람은 엄청 다르답니다. 감이 훨씬 살아나죠. 'Hi.' 한 마디라도 나누면 영어에 대해 자신감도 생기고 더 친근해질 것입니다.

3) 감탄사까지도 영어로

외국어를 잘하기 위해서는 창피해하면 안 됩니다. 그리고 늘 외국어를 가까이 해야 해요.

영어를 잘하는 친구들은 영어에 대한 관심이 많은 것은 말할 필요도 없고, 일상 생활에서도 거침없이 잘 활용합니다.

간단한 인사말이나 대화는 물론, 감탄사도 영어로 하는 친구들이 많습니다. 'Oh my god.'이라든지, 재채기한 친구한테 'God bless you.'쯤은 자연스럽게 튀어나옵니다. 평상시에 의식적으로 영어를 쓰다 보면 자신도 모르게 입이 열리게 될 거예요.

하지만 영어를 자주 사용하라고 해서 완벽한 문장이 아닌 단어만 쓰는 것은 영어 공부에 별로 도움이 안 됩니다.

"어제 market에 가서 potato 샀어."라고 한다고 영어를 잘하게 되는 것은 아닙니다. 오히려 영어를 망치는 지름길이 될 것입니다.

3. 영어로 노래 부르기

1) 동요 부르기

영어 노래를 통해서 우리는 듣기, 어휘, 발음, 문장 구조 등을 한꺼번에 공부할 수 있습니다. 리듬을 타기 때문에 지루하지도 않고, 동작도 함께 하면 의미를 쉽게 이해할 수 있습니다.

게다가 흥얼흥얼 반복하다 보면 자신도 모르게 단어를 외우게 되지요. 특히 노래를 하다 보면 평소에 잘 되지 않던 발음도 술술 잘 넘어가 자연스럽게 영어 발음을 익힐 수도 있습니다.

처음부터 노래 가사의 뜻을 알려고 하기보다는 영어의 음과 감각을 익히도록 하세요. 다른 노래들과 마찬가지로 영어 동요도 자꾸 부르다 보면 저절로 외워질 것입니다.

2) 팝송 따라 부르기

조금 욕심을 내어 팝송에도 도전해 보세요. 팝송을 어른들 노래라고만 생각하나요? 그렇다면 초등학생은 가요는 부르면 안 되고 동요만 불러야 하게요?

가요를 따라 부르듯이 팝송도 따라 부르고 외워 보세요. 아마 더 많은 단어를 익힐 수 있고, 멋진 표현을 익힐 수 있을 것입니다.

어렵고 빠른 곡보다는 잔잔하고 멜로디가 아름다운 노래가 따라 부르기에 좋습니다. 혼자서 어렵다면 엄마와 함께 해 보세요.

우리나라에서는 안 된다구?

"너, 정말 영어 잘하니?"

"한번 영어로 말해 봐."

민희와 현미는 며칠 전 미국에서 전학 온 현지 옆에 바짝 붙어 앉아서는 이것저것 물어보느라 난리였습니다. 현지는 4년 전 부모님과 함께 미국으로 이민을 갔다가 올 봄에 다시 한국으로 돌아왔다고 합니다. 현지는 아주 당당한 표정으로 미소를 지을 뿐 별 말이 없습니다.

한편으로는 그런 현지를 못마땅하게 생각하는 아이들도 있었습니다.

"아휴~ 재수없어! 미국에서 살다 왔으면 영어 잘하는 거야 당연하지 잘난 척하기는……."

"맞아. 나도 미국 땅만 밟아 봤어도 영어 걱정은 안 하겠다."

미영이와 소정이는 괜히 현지를 노려보며 한 마디씩 했습니다.

영어 수업 시간이었습니다. 반 아이들은 모두 현지의 영어를 들을 수 있다는 기대감에 차 있는 눈치였어요. 그 때 민희가 손을 번쩍 들더니 선생님께 말했습니다.

"선생님! 현지의 자기 소개 좀 들어 봐요."

"그래, 현지 한번 해 볼까?"

선생님 말이 떨어지기가 무섭게 현지가 자리에서 벌떡 일어났습니다. 미영이는 이번에도 그냥 넘어가지 않았어요.

"애, 소정아. 아주 기다렸다는 듯이 일어나는구나?"

"그러게 말이야. 미국에서 살다 온 게 무슨 자랑이라구."

미영이와 소정이는 현지를 흘겨보았습니다.

현지는 영어로 자기 소개를 하기 시작했습니다.

"Hi! My name is Hyun-ji……."

반 아이들은 눈을 동그랗게 뜨고 현지의 자기 소개를 들었습니다. 하지만 미영이는 현지의 말에는 아랑곳하지 않고 옆에 앉은 소정이와 떠들기 시작했습니다.

"아휴! 미국에서 살다 온 애가 영어 하는 게 뭐가 그렇게 신기하다구……."

옆에서 소정이도 거들었습니다.

"맞아. 지가 영어를 하면 얼마나 잘한다구, 잘난 척 무지 한다."

미영이와 소정이는 현지가 무슨 말을 하는지 알아들을 수 없어서 현지가 더욱 미웠습니다.

하지만 민희는 현지가 하는 말을 알아듣겠다는 듯이 연신 고개를 끄덕

여 가며 들었습니다.

영어 시간이 끝나자 아이들은 하나둘씩 현지에게 몰려들었습니다.

"어떻게 하면 너처럼 영어를 잘할 수 있니?"

"너무 부럽다. 발음이 정말 환상이야."

부러워하는 아이들 틈에서 미영이는 혼자 입을 씰룩거렸습니다.

'아휴! 미국에서 살다 와야 영어를 잘하지. 백날 방법을 물어봐라,

해결이 되나. 한심하기는……'

그러던 어느 주말이었어요. 미영이네 가족은 모처럼 경복궁으로 나들이를 갔습니다. 이곳 저곳을 둘러보며 사진을 찍고 있던 미영이는 저쪽에서 웃으며 걸어오는 현지와 민희, 그리고 노랑머리를 한 외국 여자 아이를 발견했습니다. 세 사람은 무척 다정하게 말하며 미영이가 있는 쪽으로 다가왔습니다. 미영이가 아는 척을 할까 말까 망설이고 있는데 민희가 먼저 반갑게 손을 흔들었습니다.

"미영아!"

"어… 아, 안녕."

미영이는 마지못해 현지와 민희에게 인사를 했습니다.

현지는 미영이가 자기를 못마땅해하는 줄 눈치챘는지 그냥 쭈뼛이 서 있었습니다. 미영이는 민희와 현지 옆에 서 있는 외국 여자 아이를 보자 괜히 현지가 잘난 척하는 것 같아서 얄미운 생각이 들었습니다.

'쳇! 지가 미국서 살다 왔으면 살다 온 거지, 노랑머리랑 다니기는……'

미영이는 현지를 노려보며 속으로 중얼거렸습니다. 하지만 미영이에게 외국 여자 아이를 소개해 준 것은 현지가 아니라 민희였습니다.

"미영아, 인사해. 캐나다에서 잠깐 한국에 놀러 온 내 친구 그레이스야."

외국 아이가 뭐라고 말을 걸었지만 미영이는 새빨개진 얼굴로 어색한 미소만 지었습니다. 그리고 인사도 하는 둥 마는 둥 하고 황급히 그 자리를 빠져나왔습니다.

옆에서 모든 상황을 지켜보고 있던 미영이 엄마는 민희를 칭찬하느라

정신이 없었습니다.

"세상에, 쟤는 영어를 잘하나 보다. 그러니까 외국 애랑 친구도 할 거 아니니."

엄마 말을 듣자 미영이는 갑자기 화가 났습니다.

"방학 때 어학 연수라도 다녀왔나 보지 뭐!"

겉으로는 화를 냈지만 집으로 돌아오는 내내 미영이는 내심 궁금했습니다.

'민희 쟤는 어떻게 노랑머리랑 친구가 됐지?'

다음 날, 교실에 들어설 때 미영이는 민희와 눈이 마주쳤습니다. 민희를 보자 어제 일이 떠오른 미영이는 너무 부끄러워 그 날 수업을 어떻게 받았는지도 모르게 보냈습니다.

수업을 끝내고 집으로 가는 길에 민희가 미영이에게 다가왔습니다.

"미영아, 어제는 인사도 없이 그렇게 가면 어떡해?"

"어, 저기 그게……."

미영이는 대강 얼버무렸습니다.

한참 말없이 걷던 미영이는 용기를 내어 민희에게 물었습니다.

"저기… 어제 그 외국 애 말야. 현지 친구가 아니고 네 친구 맞아?"

"응. 참 예쁘게 생겼지?"

민희가 환하게 웃으며 말했습니다. 미영이가 다시 물었습니다.

"그럼 넌 캐나다에서 살다 왔구나?"

"아니. 난 외국에 한 번도 가 본 적 없어."

민희의 대답에 미영이의 궁금증은 더해만 갔습니다.

"그럼 어떻게 노랑머리랑 친구가 된 건데?"

"그레이스는 재작년 캐나다에서 아빠네 회사로 한 달 동안 파견나왔던 스티브 아저씨 딸이야. 우리 집에 한 번 놀러 왔는데 그 때 내가 영어를 하나도 몰라서 눈만 멀뚱히 뜨고 있었거든. 어찌나 창피하던지……. 그래서 영어 이메일을 통해서라도 자존심을 만회해 보려고 영어 공부를 시작했어. 열심히 공부한 덕분에 편지랑 이메일을 하면서 그레이스랑 친해지게 된 거구."

미영이는 그제서야 외국 애랑 민희가 어떻게 친구가 됐는지 이해하게 됐습니다.

"근데 우리 나라에서만 공부했는데도 외국 애랑 편지를 주고받을 만한 실력이 된단 말야?"

미영이는 믿어지지 않는다는 듯이 민희에게 물었습니다.

"그럼, 우리 나라에서도 얼마든지 할 수 있고말고. 여기 산 증인이 있잖아."

민희가 손가락으로 자신을 가리키며 말했습니다.

미영이는 잠시 뭔가 생각하는 듯하더니 민희에게 조심스럽게 물었습니다.

"있잖아, 그럼 나도 이제부터 영어 공부를 시작하면 너처럼 잘할 수 있을까?"

"그럼, 당연하지! 쇠뿔도 단김에 빼랬다고, 지금 당장 우리 집에 가서 나랑 같이 영어 공부 시작하자."

민희는 뭐가 그렇게 신이 나는지 미영이 손을 잡아끌었습니다.

"어… 그래……."

민희 손에 끌려가는 미영이도 싫지는 않은 표정이었습니다.

1. 마음대로 써 보자

1) 받아쓰기 연습을 한다

처음 한글을 배울 때 받아쓰기를 했던 기억이 있을 것입니다. 그 때 틀렸던 단어는 더욱 기억에 확실하게 남아 다시는 틀리지 않았을 거예요. 영어도 마찬가지입니다. 테이프를 틀어놓고 받아쓰기를 해 보세요. 그러면 단어도 귀에 익숙하게 들릴 것이고, 쓰면서 바른 문장을 외울 수도 있게 될 겁니다.

그리고 요즘은 컴퓨터를 많이 쓰니까 한글 자판뿐 아니라 영어 자판도 익혀 두세요. 나중에 이메일이나 채팅을 할 때 많은 도움이 됩니다.

2) 영어 일기를 쓴다

일기를 쓸 때 반드시 한 쪽 전부, 또는 적어도 반은 채워야 한다고 생각하지 마세요. 한 문장도 좋고 두 문장도 좋습니다. 어려운 문장보다는 쉽고 간단한 문장부터 시작하세요. 영어 일기는 멋진 문장을 쓰기보다는 꾸준히 쓰는 게 더 중요해요.

또는 영어를 조금 잘하는 친구나 선생님, 부모님과 함께 교환일기를 써 보는 것도 좋은 방법입니다. 그러면 새로운 표현을 배울 수도 있고, 자신이 어디가 틀렸는지 알 수도 있기 때문에 영어 실력을 더욱 높일 수 있습니다.

3) 영어로 메모를 한다

영어는 쓰는 만큼 실력이 늘어납니다. 수업 시간에 익힌 단어를 평상시에 활용해 보세요. 매일 보는 계획표나 오늘의 할 일을 메모할 때 영어로 적으면 눈에 익어 영어와 보다 친해지게 될 것입니다.

  그리고 책을 읽거나 비디오 또는 영화를 볼 때도 메모를 하도록 하세요. 좋은 문장을 따라 쓰다 보면 문장도 익히고 새로운 단어도 익힐 수 있게 됩니다.

  영어는 수업 시간에만 쓰는 것이 아닙니다. 말은 쓰면 쓸수록 어휘도 풍부해지고 자신감도 생깁니다.

2. 영어책을 읽자

1) 남대문 영어는 No!

  영어는 듣기와 말하기 공부만 하면 된다고 생각하는데, 그러면 흔히 말하는 '남대문 영어'가 됩니다. 말은 유창하게 하지만 쓰고 읽기를 못한다는 뜻이지요. 영어를 완벽하게 하기 위해서는 듣기, 말하기는 물론 읽기, 쓰기까지 골고루 공부해야 합니다.

수능 시험은 영어 지문이 꽤 긴 편입니다. 단어 하나하나를 짚어 가면서 의미를 찾기보다는 글을 빨리 읽고 내용을 파악하는 것이 중요해요. 그러기 위해서는 어려서부터 우리 책 읽듯이 영어 원서를 읽는 습관을 들이는 게 좋습니다.

2) 원서를 읽는다

원서를 고를 때, 내가 초등학생이니까 미국 초등학생이 보는 책을 찾는, 그런 엉뚱한 짓은 하지 마세요. 처음부터 어려운 것을 읽으려고 하면 오히려 자신감을 잃을 수도 있습니다.

자기 실력에 맞는 책을 고르세요. 동화책이든 만화책이든 상관없습니다. 대부분 그림뿐이고 문장이 별로 없어도 괜찮습니다.

원서를 읽고 난 다음의 그 뿌듯함은 해 보지 않은 사람은 모릅니다. 우리 나라 말로 된 책을 다 읽었을 때와는 그 느낌과 재미가 달라요.

그 재미를 가지고 꾸준히 원서를 읽어 나가면 영어 실력이 엄청나게 늘어나는 것을 알 수 있을 것입니다.

3) 영어 전문 서점에 간다

서점의 원서를 파는 코너나 영어책만 파는 영어 전문 서점에 가 보세요. 여러분이 읽을 만한 책이 꽤 많습니다. 처음에는 낯설겠지만 자꾸 습관을 들이면 친숙해질 것입니다.

단 영어를 우리말로 해석해 놓은 것은 멀리하는 것이 좋습니다. 자신도 모르게 해석해 놓은 부분을 힐끗힐끗 보게 되니까요. 그리고 소리 나는 대로 우리말로 적어 놓은 책을 보는 것은 정말 아무 도움이 안 됩니다. apple을 영어 그대로 발음해야지 우리말로 '애플'이라고 쓰여 있는 것을 읽으면 발음도 망치고 외국인이 하는 말을 제대로 알아들을 수도 없게 됩니다.

3. 컴퓨터로 영어 공부하자

1) 인터넷을 이용한다

현대 사회는 정보 사회라고 합니다. 특히 인터넷의 발달로 전 세계 사람들이 보다 많은 정보를 함께 나눌 수 있게 되었어요. 그런데 그 많은 정보가 대부분 영어로 되어 있고, 전달하는 수단마저 영어입니다. 그래서 영어의 필요성이 더욱 절실하지요.

앞으로 현대 정보화 사회에 잘 적응하기 위해서는 인터넷을 자유롭게 활용할 줄 알아야 합니다. 우리 나라 사이트뿐만 아니라 외국 사이트도 찾으면서 원하는 정보를 얻을 수 있어야 합니다.

　영어 공부도 할 겸 그 훈련을 지금부터 시작해 보세요. 처음에는 평소에 관심을 두어 온 분야의 사이트를 찾아보는 것이 재미있을 것입니다. 스타들의 홈페이지를 방문해 보는 것도 좋고, 만화 캐릭터 사이트를 찾아보는 것도 좋겠지요. 같은 분야에 흥미를 가지고 있는 전 세계 사람들의 글을 읽다 보면 영어 실력을 쌓을 수 있을 거예요.

2) 엠팔(EmPal : E-mail Pal의 준말)을 한다

　요즘은 컴퓨터 하나만 있으면 세계 어느 나라와도 연락을 할 수 있습니다. 게

다가 영어는 세계 공용어처럼 사용되기 때문에 미국이나 영국뿐만 아니라 일본, 중국, 유럽까지 여러 친구들을 두루 사귈 수 있지요.

내가 잘 아는 한 학생은 배낭을 짊어지고 세계 여행을 하는 것이 꿈이라고 합니다. 그 준비를 지금부터 하고 있는데, 우선 숙박 해결을 위해 세계 여러 아이들과 사귀고 있다고 해요. 바로 엠팔을 통해서 말이죠. 엠팔을 하다 보니 영어 공부를 소홀히 할 수 없고, 그러다 보니 영어 실력도 좋아졌다고 합니다.

엠팔을 해 보세요. 친구도 사귀고 영어 실력도 쌓고, 일석이조입니다.

3) 인터넷 채팅을 한다

외국 검색 사이트에 들어가 채팅을 해 보세요. 여러 나라 사람들을 한꺼번에 만날 수 있습니다. 물론 처음에는 뭐가 뭔지 몰라서 헤맬 것입니다. 하지만 채팅을 하는 사람들이 다 영어를 유창하게 하는 것은 아니에요.

친구를 사귀고 영어 공부를 하러 오는 사람이 많기 때문에 몇 번 들락날락하다 보면 여러분과 비슷한 수준의 친구를 만나게 될 것입니다.

내가 아는 학생 중에 우연한 기회에 대만의 아주머니와 채팅을 하게 된 아이가 있습니다. 몇 마디 주고받다가 친해져서 나중엔 이메일도 주고받게 되었지요. 지금은 대만 아주머니가 한국에 오기도 하고 지난 방학에는 엄마와 함께 대만에 초대받기도 했답니다.

그 학생의 영어 실력이야 처음에는 그저 그랬지만, 지금은 외국인과 기본 회화쯤은 별 불편 없이 할 정도가 되었답니다.

# 나라고 못할 거 없지!

태식이 주변에는 늘 아이들이 모여 있습니다. 오늘도 많은 아이들이 모여들어 태식이에게 이것저것 물어봅니다.

"태식아, 미국에도 우리 나라의 추석과 같은 날이 있니?"

궁금한 건 못 참는 준석이가 태식이에게 물었습니다.

"물론이지. 미국에서는 매년 11월 네 번째 목요일이 추수감사절이야."

여느 때와 마찬가지로 태식이의 미니 강의가 시작되었어요.

"추수감사절은 1620년 배를 타고 영국에서 미국으로 이주한 청교도들이 여러 가지 어려움 속에서 처음으로 수확한 곡식을 하나님께 감사하는 마음으로 바치면서부터 시작된 명절이야."

아이들이 관심을 보이는 것 같자 흥이 난 태식이는 설명을 계속했습니다.

"추위와 배고픔을 견디며 미국에서 첫 겨울을 보내던 청교도들 중 많은 사람들이 목숨을 잃었지. 봄이 되자 원주민인 인디언들이 이들에게 작물 재배하는 방법을 가르쳐 주는 등 많은 도움을 주었어. 또 집도 지어 주고 칠면조 사냥하는 법도 알려 주었고. 그 해 가을 청교도들은 다가올 겨울을 보낼 수 있는 많은 식량을 준비하게 되자 하나님께 감사를 드렸는데, 그게 바로 추수감사절의 시작이야."

태식이의 설명이 끝나자 모여 있던 아이들은 감탄을 했습니다.

"야~, 태식이 넌 진짜 모르는 게 없구나."

"척척박사! 오늘도 한 건 했는데."

태식이는 반에서 척척박사로 통합니다. 뭐든지 아이들이 물어보는 것에 척척 대답을 해 주기 때문에 반 아이들에게 태식이의 인기는 만점입니다.

특히 외국 문화에 관련된 상식이라면 반 아이들 누구보다 많이 알고 있습니다. 알파벳의 기원, 그리스로마 신화에서 유래된 단어들, 미국 사람들이 손가락 모양으로 나타내는 뜻 등등 뭐든지 물어보기만 하면 척척이었습니다.

"추수감사절에 대해서 더 궁금한 거 없어?"

태식이의 물음에 먹성이 좋은 지환이가 질문했습니다.

"우리 나라는 추석 때 송편을 먹는데 미국에서는 뭘 먹어?"

"야, 넌 또 먹는 타령이냐?"

옆에서 듣고 있던 민석이가 지환이를 놀렸습니다.

태식이는 마치 선생님처럼 설명해 주었습니다.

"음~, 좋은 질문이야. 미국에서는 칠면조 고기를 먹어. 닭보다 조금 더 큰데, 오븐에 노릇노릇하게 구워서 온 가족이 함께 먹지."

가만히 듣고 있던 여진이가 눈을 동그랗게 뜨고 말했습니다.

"어머, 태식이 너는 정말 모르는 게 없구나."

평소 여진이를 좋아하던 준환이는 순간 멍해졌습니다. 자기한테는 관심 한번 주지 않던 여진이가 태식이한테 멋지다고 하니 말이에요.

쉬는 시간이 끝나고 영어 수업이 시작되었습니다. 선생님은 커다란 종이를 들고 들어왔습니다.

"자, 오늘은 조별로 나눠서 영어 학급 신문을 만들어 보도록 합시다."

반 아이들은 모두 척척박사인 태식이와 한 조가 되기를 은근히 바라는 눈치였습니다. 태식이와 한 조가 되면 뭐든지 척척 잘할 수 있을 것 같았거든요.

불행인지 다행인지 준환이는 태식이와 여진이, 희진이, 상식이와 같은 조가 되었습니다.

"어머! 이건 정말 행운이다."

"설마 했는데 진짜 태식이랑 같은 조가 됐네."

여진이와 희진이는 박수를 치며 태식이와 한 조가 된 것을 좋아했습니다.

'어휴! 태식이 녀석, 신문 만드는 내내 잘난 척 무진장 할 텐데……'

준환이는 여진이가 태식이에게 관심을 보일 걸 생각하자 화가 날 정도였습니다. 선생님은 그런 준환이의 마음을 아는지 모르는지 종이를 나눠 주며 열심히 하라고 말했습니다.

"자, 다들 그 동안 배운 영어를 잘 생각하면서 학급 신문을 만들어 보도록 해요."

교실은 금세 아이들 목소리로 시끌벅적해졌습니다. 다만 준환이 혼자만 시무룩하게 앉아 있을 뿐이었어요.

"우리 조에는 그림을 잘 그리는 여진이가 있어서 잘 됐다."

태식이가 여진이 쪽을 쳐다보며 말했습니다.

"어머! 척척박사가 우리 조니까 내가 더 행운이지."

여진이는 얼굴 가득 웃음을 띠며 좋아했습니다.

'갈수록 태산이라더니, 태식이를 보고 웃는 저 여진이 좀 봐.'

준환이는 어떻게 해서든지 여진이의 마음을 자기 쪽으로 돌려야 하는데 도통 방법이 떠오르질 않았어요. 울적한 준환이의 마음을 아는지 모르는지 여진이는 태식이 옆에 바짝 붙어 있었습니다.

"태식아! 우리, 소풍 다녀 온 얘기를 제일 먼저 쓰자. 뭐라고 쓰면 좋을까?"

"그래."

태식이는 막힘 없이 술술 영어로 문장을 써 내려갔습니다.

'저 녀석은 어떻게 못하는 게 하나도 없냐?'

준환이는 속으로 중얼거렸습니다.

영어 학급 신문을 만드는 내내 태식이의 독무대였습니다. 여진이는 한순간도 태식이에게서 눈을 떼지 않았습니다.

준환이에게는 여진이의 마음을 돌릴 수 있는 희망이 좀처럼 보이지 않았습니다.

'이럴 줄 알았으면 진작에 영어 공부 좀 해 둘 걸…….'

준환이는 혼자 끙끙대며 후회를 했습니다. 여진이는 여전히 태식이 옆에 딱 붙어 있었습니다.

"태식아! 넌 어쩜 아는 것도 많고 영어도 이렇게 잘하니?"

한창 신문 만들기에 몰두해 있던 태식이는 여진이의 칭찬에 잠시 머쓱해졌습니다.

"난 너처럼 영어 잘하는 애가 좋더라."

여진이의 말에 준환이는 멍해졌습니다.

'이럴 수가! 이젠 아주 대놓고 좋아한다고 말하잖아.'

준환이의 마음을 아는지 모르는지 태식이는 여진이에게 다정하게 영어 공부의 비결을 이야기해 주기 시작했습니다.

"책을 읽으면서 각 나라의 문화를 알아가다 보니까 그 나라의 언어에 대해 관심을 갖게 되더라구. 영어 공부도 그렇게 시작하게 된 거구."

"어머! 넌 역시 뭐가 달라도 다르구나."

여진이는 까르르 웃어가며 호들갑을 떨었습니다. 태식이는 영어 공부에 관한 경험을 계속 늘어놓았습니다.

"영어 공부에 흥미를 갖기 시작하니까 자연스럽게 영어 연극도 보러 가게 되고, 영어 캠프에도 참가하게 되었어. 영어에 자신감이 생기고 난 다음에는 영어 연극도 직접 해 봤어."

"영어 특별 활동도 아주 열심히 했구나? 어쩜 그렇게 훌륭한 생각을 했니?"

여진이는 넋이 나간 사람처럼 태식이를 뚫어지게 바라보았습니다. 태식이는 학급 신문을 만들어가며 여진이에게 말했습니다.

"물론 평소에도 꾸준히 영어 공부를 했지."

여진이는 이미 학급 신문 만들기에는 관심이 없고 그저 태식이한테만 온통 관심이 쏠려 있었습니다.

준환이는 오로지 태식이한테만 관심을 보이는 여진이가 슬슬 얄미워졌습니다.

'좋아, 김여진! 이제 너한테 잘 보이는 일은 그만두겠어. 대신 네가 나한테 잘 보이려고 하도록 만들어 주지.'

준환이는 여진이를 노려보며 속으로 다짐했습니다.

1. 영어를 즐겨 보자

1) 영어 학급 신문을 만들자

대학에 가면 학교 신문이 몇 종류로 발간됩니다. 한글로 된 것도 있고 외국어로 된 것도 있지요. 여러분도 학급 신문을 영자 신문으로 만들어 보세요. 기사는 문장이 간결해야 하기 때문에 생각보다 그리 어렵지 않습니다. 외국의 문화나 습관에 대해 알아보고, 영어 공부하는데 유익한 사이트나 재미있게 읽은 동화책 원서에 대해 소개하는 등 서로 정보를 교환할 수 있어요.

2) 게임을 하자

단어 왕이라고 불리는 친구가 있습니다. 뜻은 물론 철자까지 완벽합니다. 비결을 물었더니 게임 이야기를 하더라구요. 형과 함께 퍼즐을 풀거나 알파벳이 나열된 것에서 영어 단어를 찾는 게임을 하면서 내기를 한다고 해요. 서로 지지 않으려고 하다 보니 어느새 많은 단어를 익히게 되었다고 합니다.

가족과 함께 해도 좋고, 친구들과 내기를 해도 좋습니다. 영어로 게임을 해 보세요. 공부를 게임처럼 하면 재미있습니다.

a) '~에 가면'이라는 놀이가 있습니다. 예를 들면, '학교에 가면 운동장이 있고.' 하고 말하면 그 다음 사람이 '학교에 가면 운동장이 있고, 철봉이 있고.' 이런 식으로 앞의 내용을 반복하고 거기에 한 가지 내용을 더 추가하는 놀이입니다. 영어로도 한번 해 보세요. 이 놀이는 같은 문형을 반복해서 말하면서 자연스럽게 문장을 익힐 수 있고, 단어를 익힐 수 있으며, 정신을 집중해 상대방의 말을 주의깊게 듣게 되어 듣기에도 도움이 되는 놀이입니다.

b) 스무고개를 영어로 하면 문장을 익히는데 아주 좋습니다. 그리고 문장이 길 필요도 없습니다. 예를 들면, 'Is it an animal?'이란 질문을 듣고 yes와 no로만 대답하면 됩니다. 비슷한 내용이 반복되므로 구문을 익히고 듣기 공부에 좋은 게임입니다.

c) 조금 실력이 생기면 스피드 게임을 영어로 해 보세요. 단어에 대해 설명하면서 영어에 대한 감각이 늘어날 것입니다.

2. 외국인 친구를 사귀자

영어를 잘할 수 있는 가장 좋은 방법은 유학을 가는 것입니다. 하지만 누구나 다 가능한 것은 아니지요. 대신 외국인 친구를 사귀어 보세요.

우리 나라에 공부를 하러 오는 외국 학생들이 점점 늘어나고 있습니다. 그 사람들은 한국어를 배워야 하고, 우리는 영어를 배워야 하니까 서로 가르쳐 주면 도움이 되지요. 자주 만나서 같이 놀러도 가고 밥도 먹고. 그러다 보면 영어뿐만 아니라 외국의 생활 습관이나 문화에 대해서도 배울 수 있습니다.

만약 주위에 외국인이 없다면 대학교 어학당이나 한국어 학원 게시판을 찾아보세요. 같은 또래는 아니더라도 생각보다 쉽게 외국인 친구를 사귈 수 있을 것입니다.

3. 영어 말하기 대회

1) 원고 쓰기

말하기 대회에서 좋은 성적을 거두려면 무엇보다 원고가 좋아야 합니다. 어려운 문장보다는 내용도 간단하고 쉬운 것이 좋습니다. 그래야 원고를 잘 이해하고 외울 수 있으니까요.

원고는 동화책을 활용하기도 하고 회화책에 내용을 조금 더 붙여가며 쓸 수도 있습니다.

혹 어렵다고 생각되면 영어를 잘하는 친구나 선생님의 도움을 받아보도록 하세요. 원고를 쓰고, 읽고, 외우고 또 남들 앞에서 큰 소리로 발표하다 보면 영어에 대한 자신감이 넘치게 될 것입니다.

2) 발음은 정확하게

영어는 혀에 버터를 바른 듯이 혀를 굴려야만 좋은 발음이 되는 것이 아닙니다. 자신의 이야기를 남에게 전하기 위해서는 발음이 정확해야 합니다. 물론 영어를 아주 잘해서 자연스럽고 부드러운 발음이면 더욱 좋겠지만, 은근슬쩍 넘어가는 발음보다는 오히려 투박하더라도 또박또박 발음하는 게 좋습니다.

3) 자신있게 커다란 목소리로 하자

작고 기어들어가는 목소리로는 웅변 대회에서 좋은 점수를 받을 수 없습니다. 영어 말하기 대회도 마찬가지입니다. 서툴더라도 씩씩하고 당당하게 큰 목소리로 연습하세요. 목소리가 크다는 것은 그만큼 자신에 차 있다는 뜻이기도 해서 좋은 점수를 얻을 수 있습니다.

4) 원고에 맞는 동작과 소품을 준비하자

자신이 말하는 이야기에 많은 사람들이 공감할 수 있도록 하려면 그냥 밋밋하게 이야기하는 것보다는 표정이나 동작을 곁들이면 좋습니다. 놀라는 대목에서는 두 눈을 동그랗게 떠 놀란 표정을 지어 보이고, 힘든 일을 하는 대목에서는 이마의 땀을 닦는 동작을 보여야 훨씬 느낌이 강할 것입니다.

그리고 원고 내용에 따라 작은 소품을 준비하는 것도 좋은 방법입니다. 백설 공주가 사과를 먹는 장면에서 그냥 시늉만 낼 것이 아니라 미리 준비한 빨간 사과를 베어 먹는다면 실감이 더 날 것입니다.

4. 영어 연극을 해 보자

친구들과 함께 연극을 해 보세요. 동화책에 실린 이야기 정도면 충분히 연극을 할 수 있습니다. 지문과 대화 글을 조금만 수정한다면 여러분끼리 아주 재미있는 연극을 할 수 있을 것입니다.

처음에야 대본을 읽는 것도 쉽지 않겠지만, 계속 연습하다 보면 표정과 행동까지 저절로 익숙해질 것입니다. 그러면 더욱 영어 문장이 잘 외워질 테죠. 영어 연극은 많은 문장을 외울 수도 있고 영어의 감을 잡을 수도 있어서 여러 가지로 도움이 됩니다.

5. 영어로 이야기를 지어 보자

교과서에 있는 롤 플레이(Role-play)를 응용해 이야기를 지어 봅시다. 어려운 주제보다는 우리가 잘 알고 있는 옛날 이야기나 일상 생활의 이야기면 간단하게 이야기를 꾸밀 수 있을 거예요. 친구들과 모여서 영어로 말하다 보면, 다른 사람의 말을 주의깊게 듣는 훈련과 스스로 말하는 훈련을 동시에 할 수 있게 됩니다.

6. 영어로 책을 만들어 보자

예전에 학급 문집 대신에 영어로 문집을 만들어 보았더니, 학생들의 영어 실력은 물론 영어에 대한 관심도 많아졌습니다.

단순한 그림과 한두 문장의 이야기로 만든 그림책 형식도 좋고, 가족들과 여행 간 사진을 이용해 이야기를 만드는 것도 좋습니다. 정 어려우면 출판된 책을 그대로 옮겨 적는 것도 괜찮습니다. 친구들과 모여서 공부를 할 때 필요한 교재를 직접 만들어 보는 것도 괜찮은 방법이구요.

일등 하는 아이들의 수학 공부법

수호천사가 생겼어요

"으… 이게 뭐냐고~. 방학인데 학원에 갇혀서 이게 뭐냐고~."

"허… 우리가 뭔 수험생이냐고~. 돌아버리겠다고요~."

광호와 재훈이는 학원 책상에 턱하니 엎드려서 한 마디씩 주고받았습니다.

방학은 했지만 광호와 재훈이는 엄마가 학원 등록을 해 버리는 바람에 맘 편히 노는 것은 물론 늦잠조차도 마음껏 잘 수 없었습니다. 아침 9시부터 학원에 나와 국어며 영어, 수학 공부를 하고 있습니다.

"으갸갸! 야, 일어나."

수업 시간을 알리는 종이 치자 광호가 먼저 일어나 재훈이 등을 퍽! 하고 내리쳤습니다.

"싫다고요, 내게 자유를 달라고요. 학원에서 세 시간째 이게 뭐냐고요~!"

재훈이가 벌떡 일어나 두 팔을 벌린 순간, 두 눈이 동그래졌습니다. 교실 문을 빼꼼이 열고 들어온 여자 선생님과 두 눈이 따~악 마주쳤기 때문입니다.

'허~억, 천사다!'

여자 선생님은 그야말로 천사였습니다. 지금까지 수업받은 선생님하고는 비교도 안 될 정도로 젊고 예뻤습니다. 다른 선생님처럼 몽둥이를 들지도 않았고, 슬리퍼를 질질 끌지도 않았습니다.

선생님은 다소곳이 들어와 아이들 앞에 섰습니다.

"안녕? 오늘부터 여러분에게 수학을 가르칠 선생님이야. 내 강의 이름은 '수호천사'야. 한자로 셈할 수(數)에 좋아할 호(好). 천사는 다 알지? '수학을 좋아하는 천사'라는 뜻이지. 자, 열심히 하자?"

재훈이 귓가에는 선생님 말이 마치 천사의 음성처럼 들렸습니다.

긴 생머리에 갸름한 얼굴, 살풋 웃음짓는 입가의 미소, 호수 같은 눈망울에 오똑한 코와 뽀얀 피부. 재훈이 입가에 슬그머니 웃음이 번졌습니다.

'드디어 내게도 수호천사가 찾아왔다고요~!'

그 날 이후, 재훈이는 학원에 가는 것이 마냥 즐거워졌습니다. 그리고 수학 시간만 기다려졌습니다. 수학 시간 전에는 책상에 엎드려 있기는커녕 반듯하게 앉아 선생님을 기다렸습니다.

그러다가 수업이 시작되면 입을 헤 벌리고 머~엉 하니 수학 선생님 얼굴만 쳐다보았습니다.

　수업 내용은 안중에도 없었습니다. 그저 선생님만 만날 수 있다면 하루종일 학원에 앉아 있을 수도 있을 것 같았습니다.

　그러던 어느 날이었습니다.

　"자, 이해되었으면 문제를 풀어 보도록 하자. 나중에 선생님이랑 같이 풀어 볼 거니까 시험이라고 생각하지 말고."

　선생님은 아이들에게 시험지를 한 장씩 나누어 주었습니다. 그리고 책상 사이를 오가며 아이들이 잘 풀고 있는지 살펴보았습니다. 시험지를 들여다본 재훈이는 머리만 긁적였습니다.

'뭐야, 완전히 까만 건 글씨요, 흰 건 종이네. 이럴 줄 알았으면 수학 공부 좀 할 걸…….'

재훈이는 선생님이 자기 옆을 지나갈 때면 가슴이 마구 콩당콩당 뛰었습니다. 혹시나 선생님이 들여다볼까 긴장이 되었습니다. 그래서 그럴 때마다 더욱 고개를 숙이고 열심히 푸는 시늉을 했습니다.

잠시 후, 재훈이 뒤쪽에서 선생님 목소리가 들렸습니다.

"어머, 다 풀었구나. 잘하네. 너 이름이 뭐니?"

선생님이 한 학생을 칭찬하고 있습니다. 선생님은 학생의 어깨까지 두드려 주며 무슨 이야기인지 하는 것 같았습니다. 그 모습을 본 재훈이는 속에서 열이 훅훅 나는 듯했습니다. 게다가 그 날 이후 선생님과 그 학생이 서로 친하게 지내는 것이 보였습니다.

재훈이도 어떻게든 선생님 눈에 띄고 싶었습니다. 하지만 워낙 수학이면 고개를 절레절레 흔들었던 터라, 재훈이는 남들보다 먼저 문제를 풀기는커녕 선생님 설명도 잘 이해가 되지 않았습니다.

'어라, 뭐야. 이러면 안 되는데. 공부해야겠네.'

우선 재훈이는 학원에서 돌아오면 그 날 배운 내용을 정리하고, 문제도 풀어 보았습니다.

"$3\frac{4}{5}$와 $1\frac{2}{5}$의 차이를 구하라? 도대체 분수의 차이는 알아서 어디다 써먹겠다는 거야. 하… 어렵다, 어려워."

투덜대던 재훈이는 학원에서 선생님이 설명한 내용을 애써 기억해 보았습니다.

"무슨 통분이 어쩌고저쩌고 그랬는데. 통분이라……."

재훈이는 책을 뒤적이며 문제를 풀어 나갔습니다.

"$\frac{3}{8}$와 $\frac{5}{6}$을 통분하고… 자연수는 자연수끼리 계산하면……. 답이 2와 1/6?"

재훈이는 문제를 풀고 답을 확인했습니다.

"어라? 맞았네? 뭐야, 간단하잖아!"

재훈이는 정답을 맞추고 묘한 성취감 같은 것을 느꼈습니다. 마음도 가벼워지고 기분도 좋았습니다.

그 후로 재훈이는 수학에 조금씩 자신감을 가지고 열심히 공부했습니다. 재훈이에게 수학은 그냥 공부가 아니었습니다. 수학 선생님과 친해지기 위한 수단이었습니다. 공부를 하다 보니 차츰 질문거리도 생겨 교무실에 자주 드나들었습니다. 재훈이가 점점 변해 가는 것을 보고 광호가 쉬는 시간에 물었습니다.

"수학 하면 이를 갈던 녀석이 웬일이냐?"

"음… 수호천사를 만나려면 노력을 해야지."

"뭐, 수호천사? 설마… 너, 수학 선생님 좋아하냐?"

광호는 눈이 동그래졌습니다.

"조용히 해라. 너처럼 어린 녀석이 뭘 알겠냐. 공부나 해라."

재훈이는 광호 어깨를 툭툭, 두드리고는 다시 문제를 풀었습니다.

재훈이는 선생님에게 잘 보이기 위해 시작한 수학 공부에 재미를 붙여 이제는 새 학기가 기다려질 정도였습니다.

방학이 거의 끝나갈 무렵 수업 시간이었습니다. 도형에 관해 배우다가 선생님이 여러 가지 사각형을 칠판에 그려놓고 질문을 했습니다.

"자, 그러면 직사각형과 마름모의 조건을 모두 갖춘 도형이 뭘까?"

모두 대답을 못하고 딴청만 피우고 있었습니다. 교실 안의 아이들을 둘러보던 선생님은 재훈이와 눈이 마주쳤습니다. 선생님이 생긋 웃으면서 물었습니다.

"재훈이가 대답해 볼래?"

선생님이 내 이름을 알고 있다니! 재훈이는 가슴이 쿵쿵 뛰었습니다. 사실 매 시간마다 교무실에 와서 질문하고 맨 앞자리에 앉는 재훈이를 선생님이 모를 리 없지요. 게다가 늘 빤히 쳐다보는데 어떻게 관심을 안 가질 수 있겠어요.

재훈이는 마른침을 삼키고 대답했습니다.

"정사각형이오."

"왜지?"

"직사각형은 네 각의 크기가 모두 직각이고, 마름모는 네 변의 길이가 같은 사각형입니다. 따라서 두 조건을 모두 만족시키는 사각형은 정사각형입니다."

"우와~."

무엇보다 놀란 것은 광호였습니다. 광호는 헤드락을 하듯 재훈이를 껴

안았습니다.

"자식, 드디어 네가 큰일을 해냈구나!"

선생님도 재훈이를 보고 빙긋 웃었습니다.

'앗싸, 나의 수호천사가 웃어 주었어!'

재훈이는 얼굴이 빨개졌습니다.

1. 수학에 흥미와 자신감을 갖는다

중학교, 고등학교, 대학 입시까지 끈질기게 붙어 다니는 과목인 수학. 수험생들이 하도 어렵다 어렵다 하니까 미리 겁을 먹는 경우가 많은데, 그럴 필요 없습니다. 여러분에게는 어렵다는 수학 과목을 훌륭하게 해낼 시간도, 기회도 많으니까요.

수학을 싫어하고 있다면 지금부터라도 흥미를 가져 보도록 하세요. 학원 선생님이 좋아서, 또는 내 머리가 얼마나 좋은지 확인해 보기 위해서… 그런 식으로 말이죠. 사실 수학은 친해지면 친해질수록 짜릿한 맛을 느낄 수 있는 과목이랍니다.

2. 예습 복습은 수학의 기본

1) 예습은 필수!

나름대로 공부를 열심히 하는데도 점수가 잘 안 오른다면 공부 방법에 문제가 있는 것입니다. 잘못된 방법으로 공부하면 능률도 안 오르고 성적도 안 오르기 마련이지요. 따라서 열심히 공부하는 것도 중요하지만 어떻게 공부하느냐 하는 것도 상당히 중요한 문제입니다.

수학은 예습과 수업, 그리고 복습 삼박자가 잘 이루어져야 하는 과목입니다. 예습을 할 때는 먼저 가벼운 마음으로 교과서를 훑어보세요. 이번에 배울 단원에 어떤 내용이 있는지, 새로운 공식은 무엇인지 말이죠.

이해가 잘 안 된다고 혼자 끙끙거리지는 마세요. 예습부터 수학에 질릴 필요는 없습니다. 다만 자신이 어느 부분을 이해 못했는지만 표시하세요.

2) 수업 시간에 집중한다

예습할 때 이해하지 못한 부분이 있으면 신기하게도 수업 시간이 재미있어진답니다. 자신이 무엇을 이해하지 못했는지 알기 때문에 집중력이 높아지는 거죠. 그리고 그렇게 들은 내용은 쉽게 잊혀지지도 않습니다.

혹시 예습한 내용을 다 이해했다고 수업 시간에 집중하지 않는 실수를 저지르진 마세요. 수업 시간에 딴짓을 하면 선생님 설명 가운데 정말 중요한 것을 놓칠 수도 있답니다.

3) 복습을 충실히 한다

수학 복습은 되도록 학교에서 돌아오자마자 하세요. 아무리 그 날 배운 내용이라고 해도 시간이 지나면 지날수록 공식에 대한 이해나 문제 풀이 과정이 가물가물해집니다.

완전히 자신의 것으로 만들기 위해서는 배운 내용에 관한 문제를 교과서는 물론이고 문제집까지 반드시 풀어야 합니다. 또한 흐름을 잊지 않기 위해 수학 수업이 없는 날이라도 매일매일 수학 문제를 풀도록 하세요.

3. 조급하게 생각하지 않는다

1) 기초를 튼튼히 한다

어느 과목이나 다 마찬가지겠지만 하루아침에 잘하게 되는 비법은 없습니다. 하루 이틀 반짝하고 90점 이상 받기를 바라는 것은 말도 안 됩니다.

수학 공부는 마치 계단을 오르는 것과 같습니다. 한 단계 한 단계 차근차근 올라가야 하는 과목이지요. 자칫 방심하면 한꺼번에 두서너 단계를 올라가야 하기 때문에 어려워지고, 나중에는 포기하게 되는 것입니다.

특히 수학은 기초가 중요합니다. 구구단도 모르고 곱셈 문제를 풀 수 없는 일! 차근차근 기초를 쌓지 않으면 영원히 수학과 친해질 수 없습니다.

2) 교과서 진도대로 공부한다

만약 기초가 부족해서 교과서를 처음부터 공부하려고 마음먹었더라도 수업 진도를 소홀히 해서는 안 됩니다. 이해가 안 되더라도 선생님 설명을 열심히 듣다 보면, 중요하고 새로운 것을 알게 되는 경우가 있답니다.

예를 들어 분수는 통분을 배운 다음에 덧셈과 곱셈을 배웁니다. 만약 통분 부분을 다시 공부하고 있을 때, 수업 진도가 분수의 덧셈을 하고 있다면 당연히 앞에서 배운 통분을 다시 반복하게 됩니다. 앞에서 배운 내용이기 때문에 좀더 쉽고 빠르게 계산하는 방법을 알게 되기도 하지요.

또한 수업 진도를 놓치게 되면 모르는 문제가 쌓여 가기 때문에 점점 수학과는 멀어지게 됩니다. 반대로 학교 진도보다 앞서서 공부하는 경우에도 수업 시간에 집중하여 완벽하게 이해하도록 하세요.

4. 영역별 공부하는 방법

1) 수와 식

수학의 기초는 계산 능력입니다. 계산을 정확히 빨리 할 줄 알아야 다른 영역의 문제도 잘 풀 수 있습니다.

수와 식에 관한 문제는 많이 풀어 보는 수밖에 없습니다. 빨리 푸는 요령이 있다고 해도 스스로 문제를 통해 연습하는 수밖에 없습니다.

2) 방정식

방정식은 문제를 읽고 주어진 조건을 잘 이용해 식을 세워야 풀 수 있습니다. 특히 서술형 문제는 문제에서 요구하는 답이 무엇인지 정확히 파악하는 것이 중요합니다. 문제를 잘 파악하고 알맞은 식으로 옮길 수 있기 위해서는 문제를 많이 풀어 봐야 합니다. 기본 문제를 풀다 보면 자연스레 방정식의 법칙을 자유롭게 적용할 수 있게 될 것입니다.

3) 도형

도형에 대한 문제는 도형의 정의를 정확히 파악해야 잘 풀 수 있습니다. 도형은 특히 공식이 많은데, 평면도형과 입체도형의 넓이, 부피 등을 구하는 공식을 잘 이해하고 암기해야 합니다. 또한 문제를 풀 때 머리 속으로만 생각하기보다는 그리는 것이 문제를 쉽게 풀 수 있는 방법입니다.

덜렁이의 수학경시대회

"다녀오겠습니다!"

성진이가 엄마에게 우렁차게 인사를 했습니다. 엄마는 걱정스런 얼굴로 성진이를 바라보며 말했습니다.

"빠진 거 없구?"

"넵!"

"진짜로 없어?"

"네~에!"

성진이는 얼굴 가득 웃음을 띄우며 대답했습니다.

"에휴~ 그래, 오늘도 무사히!"

엄마도 성진이와 인사를 하고 현관문을 닫았습니다. 그리고 채 30초도 지나지 않았어요.

"엄마, 엄마!"

엄마는 성진이 목소리에 얼른 문을 열었습니다.

"헤~. 미술 준비물."

성진이는 신발을 벗고 들어와 방에서 미술 준비물을 챙겨 나갔습니다.

"다녀오겠습니다."

그리고 또 10초나 지났을까요?

"아차차, 오늘 경수 생일 선물 사기로 했는데. 엄마, 돈."

엄마는 한심스럽다는 듯이 성진이를 내려다봅니다. 그리고 지갑에서 돈을 꺼내 주며 말했지요.

"에휴~, 이 녀석이 언제쯤 한번에 학교에 갈라나?"

성진이는 등교할 때마다 두세 번을 집으로 되돌아옵니다. 그나마 오늘처럼 골목을 빠져 나가기 전에 그러면 다행입니다. 그리고 건널목을 건너가기 전에만 그래도 다행입니다. 만약 교문을 들어설 찰나에 잊고 온 것이 생각나면 엄마가 학교까지 출동할 수밖에 없습니다.

그렇게 덤벙대는 성진이 성격이 학교에서도 티가 안 날 수 없지요.

미술 시간에 모빌을 만들기로 했습니다. 성진이는 색종이와 골판지에 그린 멋진 그림을 철사에 매달고, 나름대로 풍경의 운치를 내려고 작은 종도 준비해 왔습니다.

우선 밑그림 그린 것을 가위로 오렸습니다. 그리고 실을 맬 수 있도록 작은 구멍을 냈습니다.

성진이가 그렇게 몇 단계를 거쳐 가는 동안 책상은 그야말로 아수라장이었습니다. 자기 책상뿐만 아니라 짝인 우경이 책상까지 침범할 판이었습니다. 보다 못한 우경이가 싫은 소리를 했습니다.

"야, 장성진. 이게 뭐야. 정리 좀 해."

"알았어, 알았어."

성진이는 대답만 하고 여전히 자기 일에 열중했습니다.

이제 철사로 틀을 만들고 여러 가지 모양을 실로 매달기만 하면 되었습니다.

선생님은 아이들을 둘러보며 말했습니다.

"모빌은 균형을 잘 잡아 매달아야 합니다. 그래야 모양도 예뻐요. 모두 무게 중심에 신경 쓰면서 만들도록 해요."

성진이는 선생님 말에 따라 이리저리 균형을 맞춰 보았습니다. 하지만 잘 되지 않았습니다. 이쪽을 맞추면 저쪽이 기울고, 저쪽을 간신히 맞춰 놓으면 이쪽이 뱅그르르 돌았습니다.

"에이, 모르겠다. 대강하자."

결국 성진이는 삐뚤빼뚤한 모빌을 만들고 말았습니다. 그나마 종도 어디로 굴러가 버렸는지 찾지 못해 엉성한 모빌이 되었습니다.

그 날, 집으로 돌아온 성진이는 신발을 벗자마자 엄마의 잔소리를 들어야 했습니다.

"이 녀석, 방이 왜 저 모양이야? 얼른 치워! 오늘 학습지 선생님 오시는 날이잖아."

"넵!"

성진이는 시원스럽게 대답하고 방으로 들어갔습니다.

"에구, 그저 입만 살아서 대답은 잘해요. 저런 녀석이 어떻게 경시대회를 나간다구."

엄마는 걱정스럽게 성진이를 바라보았습니다.

성진이는 덤벙거리는 성격과 달리 유독 수학을 잘합니다. 다른 과목보다 성적도 뛰어나고 재미있어 합니다. 적성검사를 했더니 수리력이 뛰어나 엄마는 한편으로는 좋아했지만 주위가 산만하다는 평가도 함께 나와 걱정하고 있습니다.

어쨌든 성진이는 이번에 학교 대표로 경시대회에 나가게 되었습니다. 그래서 요즘 학습지 선생님과 경시대회 준비를 하고 있습니다.

"음… 그러니까 여기서 우선 도형을 잘라내고 삼각형의 넓이를 구한 다음……."

성진이는 문제집 여백에 문제를 풀었습니다. 그런데 숫자를 큼직하게 쓰고, 게다가 삐뚤삐뚤 쓰기 때문에 늘 시험지 여백만으로는 모자랍니다. 그래서 따로 연습장을 꺼내는데, 연습장에도 숫자를 큼직하게 쓰고 틀린 부분은 직직 그어 버리며 문제를 풉니다. 그래서 여러 번 선생님에게 지적을 받았습니다.

하지만 성진이는 그 때만 알았다고 하고 여전히 시험지 가득 문제를 풉니다. 이번에도 선생님이 주의를 주었습니다.

"성진아, 지난 번에도 말했지만 이번에 대회에 나가기 전에 이 버릇을 완전히 고쳐야 해. 이렇게 정신 없이 여기저기에다 풀면 네가 헷갈려."

"넵!"

선생님 말에 성진이는 시원스럽게 대답했습니다. 선생님도 뭐라고 하지 못하는 게, 신통하게도 옆에서 보기에는 정신이 없어 보이는데도 문제 하난 잘 풀기 때문입니다.

"네가 이상한 건지 내가 이상한 건지……. 어쨌든 시험 잘 봐라?"

결국 선생님은 성진이 버릇을 고쳐 주지 못하고 수업을 마쳤습니다.

드디어 수학경시대회 날이었습니다. 아침에 엄마가 성진이 대신 책 가방을 싸 주었습니다.

엄마는 성진이 필통에 잘 깎은 연필과 샤프펜슬 심까지 꼼꼼하게 챙겨 넣었습니다. 그리고 지우개도 두 개나 넣어 주었습니다.

"오늘 같은 날, 또 정신 사납게 덤벙대다가는 잘 될 일도 안 돼."

"넵!"

성진이는 여느 때와 다름없이 씩씩하게 대답하고 집을 나섰습니다.

시험장에 들어서니 다른 학생들은 다들 긴장해서 어쩔 줄 모르는데 성진이만이 여유만만이었습니다.

"공부했던 대로 하면 되겠지 뭐."

시험지를 받아들고 성진이는 술술 문제를 풀어 나갔습니다. 버릇처럼 시험지 여백에 큼지막하게 숫자를 써 가면서 문제를 풀었습니다.

'호~, 이 문제는 까다롭네. 하지만 이렇게 하면…….'

경시대회답게 복잡한 계산 문제가 많았습니다. 문제를 반 정도 풀자 시험지 여백이 빽빽하게 채워졌습니다. 성진이는 손을 들고 선생님에게 물었습니다.

"선생님, 문제 풀 공간이 없어서 그런데 연습장 꺼내도 되나요?"

선생님은 성진이를 힐끗 보고 말했습니다.

"그런 건 시험 보기 전에 미리 검사받아야지. 지금 꺼내면 다른 친구들에게도 방해되고 또 의심받을 수도 있으니까 시험지 여백을 지우고 다시 풀렴."

하는 수 없이 성진이는 지우개로 여백을 지워 가며 다시 문제를 풀었습니다.

지우고 풀고 지우고 풀고… 그러다 보니 시간이 점점 촉박해졌습니다. 성진이는 온 몸이 오싹해지면서 진땀이 나기 시작했습니다.

'이씨~, 내가 무슨 커닝한다고 연습장도 못 꺼내게 하냐!'

성진이는 투덜대면서 계속 문제를 풀어갔습니다.

'숫자는 왜 이렇게 크게 쓴 거야? 이런! 답을 지웠잖아. 뭐였지?'

시간은 점점 흘러갔습니다. 늘 씩씩하던 성진이는 완전히 기가 죽어 땀만 뻘뻘 흘렸습니다.

1. 교과서에 충실한다

1) 교과서 문제만이라도 100점 맞자!

대부분의 학생들이 수학 공부를 문제집이나 학원에서 쓰는 교재로 합니다. 그러면서 한결같이 '어렵다, 어렵다.'를 연발하죠. 문제를 쉽게 풀 수 있는 방법이 교과서에 숨어 있다는 것도 모르고 말입니다.

교과서는 가장 기초가 되는 책입니다. 그러므로 수학을 잘하기 위해서는 먼저 교과서 문제를 완벽하게 풀 줄 알아야 합니다. 혼자서 풀 수 있는 것뿐만 아니라 다른 친구에게 풀이 과정을 설명해 줄 수 있을 만큼 말입니다.

교과서 문제를 전부 이해했다는 것은 기초가 튼튼하게 자리잡았다는 뜻입니다. 일단 기초를 굳혀 놓으면 어려운 문제도 쉽게 풀 수 있습니다.

괜히 어려운 문제부터 풀어 쓸데없이 수학에 기죽지 마세요. 쉬운 문제부터 풀어가다 보면 쉽게 자신감을 갖게 될 것입니다.

2) 응용 문제도 교과서를 먼저 공부한다

물론 시험 문제는 교과서에 있는 문제만, 또는 같은 유형으로만 나오지는 않습니다. 문제 유형을 약간 바꾸거나 한 단계 더 계산을 해야 풀 수 있는 응용 문제가 많지요. 그래서 교과서는 제쳐 두고 문제집만 푸는 학생이 많은 것 같습니다. 하지만 기본 문제를 소화해야 까다로운 응용 문제도 쉽게 풀 수 있습니다.

예를 들어 다각형 넓이를 구해 봅시다. 다각형의 넓이는 여러 가지 도형의 넓이 구하는 공식을 다 알아야 풀 수 있습니다. 무작정 세모난 모양이라고 삼각형 넓이 구하는 공식을 대입할 수 있는 것이 아니고, 사각형 역시 마찬가지입니다.

직사각형, 사다리꼴, 마름모 등 각각 넓이 구하는 공식을 알아야 복잡한 다각형도 올바르게 나누고, 식을 세우고, 답을 구할 수 있는 것입니다.

2. 공식 정확하게 외우는 법
1) 이해한 뒤에 암기한다

수학의 공식은 굳이 강조하지 않아도 외워야 한다는 것쯤은 모두 알고 있을 것입니다.

그런데 공식이라는 공식은 모두 다 외웠는데도 수학 성적이 쉽게 오르지 않는 이유는 무엇일까요? 막상 문제를 풀려고 하면 머리 속이 깜깜해지고 공식이 전혀 떠오르지 않는 이유는 무엇일까요? 바로 공식을 제대로 이해하지 않고 무작정 외우기만 했기 때문입니다. 공식을 외울 때는 반드시 원리를 충분히 이해한 후 암기하세요. 그러면 쉽게 외워지고 잘 잊혀지지도 않습니다.

평행사변형과 사다리꼴, 마름모는 모두 사각형이지만 넓이 구하는 공식은 각각 다릅니다.

그래서 헷갈리기 쉽습니다. 하지만 각 넓이 구하는 공식이 어떻게 성립했는지 이해하고 암기해 보세요.

그러면 다른 공식과 헷갈리지도 않고 문제도 쉽게 풀 수 있을 것입니다.

2) 문제를 통해 암기하기도 한다

아무리 해도 이해가 잘 되지 않는다면 그냥 외워 버리세요. 단, 외우는 데서 끝나는 게 아니라, 그 공식을 대입해야 하는 문제를 적어도 스무 문제 정도는 풀어 보세요. 그러면 어느 순간 머릿속에서 팡! 하고 이해가 되는 순간이 올 것입니다.

공식뿐만 아니라 문제 풀이 과정도 정 이해가 안 되면 외우세요. 단, 그렇게 외운 문제는 더 많은 문제를 풀어 봐야 하는 것도 잊지 말구요. 많은 문제를 풀다 보면 새록새록 떠오르는 공식에 스스로도 놀랄 것입니다.

이… 이 문제는 내가 외운 34개의 공식 중 어떤 공식을 대입해야 하는 거지?

엄밀히 말하면 이 방법은 무조건 암기하는 것이 아닙니다. 이해의 방법이 약간 다른 것일 뿐, 결국에는 암기를 통해 이해를 하는 것이지요.

3) 개념을 정확하게 이해한다

수학 문제를 풀다 보면 문제 자체를 이해 못하는 경우가 있습니다. 학년이 올라가면 올라갈수록, 긴 서술형의 문제일수록 어려워 손도 대지 못하고 당황하게 됩니다.

그 이유는 바로 개념을 제대로 이해하지 못했기 때문입니다. 개념을 이해 못하면 선생님 설명도 알아들을 수 없고 수업도 집중할 수 없게 됩니다.

예를 들어 최대 공약수와 최소 공배수의 개념을 확실히 이해 못하면 헷갈리기 시작합니다. 그러면 기약분수와 통분에 대한 이해도 떨어지게 되고, 분수의 크기를 비교하는 문제도 풀 수 없게 됩니다.

수학은 그저 계산만 잘하면 되는 과목이 아닙니다. 확실하게 이해하고 정해진 규칙에 따라 논리적으로 생각해야 높은 점수를 얻을 수 있는 과목입니다.

3. 정확하게 푸는 습관을 들인다

1) 쉬운 문제도 침착하게 푼다

덧셈 뺄셈을 잘못해서, 소수점을 잘못 찍어서, 단위를 잘못 써서, 또는 '아는 문제인데 틀렸다.'고 후회해 봤자 아무 소용 없습니다. '실수'도 자신의 '실력'입니다.

수학은 정확한 답을 구해야 하는 과목입니다. 아무리 공식을 완벽하게 외우고 많은 문제를 풀어 보았다고 해도 정확한 답을 구하지 못하면 소용 없습니다.

보통 생활에서 0.1과 0.11은 별 차이가 없지만 수학은 아닙니다. 분명히 하나는 정답이고 하나는 오답입니다.

　수학을 공부할 때는 문제를 정확하게, 정성들여 푸는 습관을 들이도록 하세요. 문제가 쉽다고 해서, 아는 문제라고 해서 성급하게 달려들거나 덜렁대면 엉뚱한 답이 나옵니다. 그리고 계산 과정에서 실수가 없었는지 검산하는 습관도 들이도록 하세요.

2) 또박또박 푼다

　수학 문제는 문제지 여기저기에 풀지 말고 연습장에 공책 필기를 하듯 깨끗하게 푸는 습관을 들이세요. 덧셈과 뺄셈 같은 간단한 것도 반듯하게 쓰는 버릇을 들이고 쉬운 문제도 끝까지, 깨끗하게 풀도록 하세요.

계산 과정을 또박또박 풀다 보면 집중도 잘 되고 검산할 때도 자신이 어디에서 실수를 했는지 금방 알 수 있습니다.

요즘은 수학 시험이 단순히 답을 구하는 데만 그치는 것이 아니라 풀이 과정을 쓰라는 서술형 문제도 많이 출제되고 있습니다. 따라서 평소에 풀이 과정을 엉성하게 대충 푼 사람은 답안을 쉽게 작성하지 못합니다.

게다가 숫자를 또박또박 쓰지 않으면 실수를 할 수도 있고, 점수 매기는 사람이 잘 알아보지 못해 오답 처리할 수도 있습니다.

3) 문제를 나름대로 정리하며 푼다

문제를 읽자마자 무턱대고 계산부터 하려는 학생이 많은데, 이는 수학의 함정으로 스스로 빠져드는 것입니다. 특히 서술형 문제는 문제가 요구하는 답이 무엇인지 정확히, 빨리 파악해야 합니다.

따라서 문제를 풀면서 나름대로 정리하는 습관을 들여야만 합니다. 그래야 정확한 답도 구할 수 있고 시간도 절약할 수 있습니다.

예를 들어, '시계가 10시 15분을 가리키고 있다. 두 바늘 사이의 각도를 구하라.'는 문제의 경우, 그림을 그려 보면 훨씬 이해하기가 쉽습니다. 또한 거리를 구하는 문제도 지문 그대로 읽고 식을 세우기보다는 그림을 그려가며 풀어 보세요. 그러면 문제를 훨씬 더 쉽게 이해할 수 있을 것입니다.

킹카 따라잡기

수철이는 키도 크고 잘 생겼습니다. 옷도 멋있게 입고 매너도 좋습니다. 게다가 공부도 잘하고, 특히 수학이라면 경시대회 상은 따놓은 당상일 정도인, 한 마디로 '킹카' 입니다. 그래서 전교에서 수철이를 모르는 사람이 없고, 좋아하는 아이도 많습니다.

영애 역시 남몰래 수철이를 좋아하고 있습니다. 하지만 그저 옆에서 맴돌 뿐, 제대로 말을 걸어 본 적이 없습니다. 그저 어떻게 하면 수철이와 친해질 수 있을까 고민만 할 뿐이지요.

그러던 어느 날, 수학 쪽지 시험을 보았습니다. 쪽지 시험이니까 짝하고 바꿔 점수를 매겼습니다. 평소에 수학에 자신 없던 영애는 되돌려받은 시험지를 보고 한숨을 푹 쉬었습니다.

맞은 문제보다 틀린 문제가 더 많았기 때문입니다.

'휴~, 그나마 쪽지 시험이었기에 망정이지, 수철이가 내 수학 점수

를 알았어 봐. 큰일날 뻔했다.'

영애가 그렇게 생각하며 막 시험지를 책상 서랍에 넣으려고 할 때였습니다. 선생님이 교탁을 탁탁, 치며 말했습니다.

"자, 다 매겼지? 먼저 다 맞은 사람, 시험지를 앞에다 내도록."

수철이는 수학의 왕답게 다 맞은 사람을 부를 때 시험지를 냈습니다. 하지만 거기에서 끝난 것이 아니었습니다. 한 개 틀린 사람, 두 개 틀린 사람, 세 개 틀린 사람……. 결국 누가 몇 개 틀렸는지 다 알게끔 시험지를 걷은 것입니다.

영애는 여섯 개 틀린 사람을 부를 때 시험지를 냈습니다.

'이게 무슨 망신이야. 하필 수학 시험이냐. 다른 과목이라면 제일 먼저 낼 수도 있었는데…….'

영애는 수철이가 자신을 바라보는 것 같아서 아주 창피했습니다. 수철이가 자기를 흉보지나 않을까 걱정이 되었습니다. 수철이와 친해질 기회가 더욱 멀어진 것 같아 슬슬 조바심도 났습니다.

며칠을 고민하다가 영애는 오빠에게 슬쩍 물어보았습니다.

"오빠, 남자들은 공부 잘하는 여잘 좋아하지?"

그러자 오빠는 조금도 지체하지 않고 말했습니다.

"당연하지. 뭐, 조금 못생기고 좀 통통해도 공부 잘하면 용서되지."

"공부를 잘하면 용서가 돼? 아항~."

오빠 말을 듣고 영애는 막힌 곳이 뻥! 뚫리는 것 같았습니다.

지난 번 쪽지 시험으로 구겨진 체면도 세우고 수철이와도 친하게 지

낼 수 있는 방법을 찾았기 때문입니다. 바로 수학 공부였습니다.

"좋아. 외모보다는 내면으로 승부하겠어. 오늘부터 수학의 킹카와 어울리는 수학의 퀸카로 거듭나리라~!"

영애는 얼른 방으로 들어가 수학 교과서를 펼쳤습니다. 하지만 그 동안 등한시한 수학이 얼른 눈에 들어올 리가 없습니다.

"그래, 수철이가 공부하는 참고서로 하면 되겠다. 공부 잘하는 애가 하는 거면 좋은 거겠지."

다음 날, 영애는 수철이에게 직접 물어보지 않았습니다. 열심히 공부해서 수철이를 놀라게 해 주고 싶었습니다. 그러면 수철이도 자연히 자기에게 관심을 보일 것 같았습니다.

영애는 은근슬쩍 수철이 주위를 맴돌면서 수철이가 공부하는 참고서를 보았습니다. 그리고 서점에서 똑같은 문제집을 샀습니다.

"자아, 이제 첫 장부터 열심히 풀면 되겠지."

영애는 연필을 다부지게 쥐고 문제를 풀기 시작했습니다. 하지만 몇 문제 풀지도 않고 막혀 버리고 말았습니다.

"생각보다 어렵네."

영애는 별 생각 없이 해답을 보았습니다. 그리고 눈으로 읽으면서 고개를 끄덕였습니다.

"아항, 그렇구나."

영애는 해답지에 나와 있는 답을 그대로 적었습니다. 그렇게 며칠 공부하다 보니 수학도 별것 아니라는 생각이 들었습니다.

며칠 후, 쉬는 시간에 영애는 수철이가 수학 문제집을 풀고 있는 것을 보았습니다. 슬쩍 옆으로 다가가보니, 어제 영애가 푼 부분이었습니다. 수철이는 뭐가 잘 안 풀리는지 문제집을 뚫어져라 쳐다보고 있었습니다.

'좋아, 구영애. 너의 능력을 보여 줘라.'

영애는 모르는 척하며 수철이 옆으로 다가갔습니다.

"수학 문제 푸는 거야?"

"응. 근데 잘 안 풀리네."

수철이는 씩 웃으면서 대답했습니다.

'어휴, 웃는 것도 멋져.'

영애도 웃으면서 슬쩍 문제집을 보았습니다. 다행히 답을 아는 문제였습니다. 영애는 기회는 이 때다 생각하고 얌전히 말했습니다.

"아, 나도 어제 이 문제 풀었는데. 답은 3번이야."

영애 말에 수철이는 조금 놀라는 눈치였습니다.

"어, 그래? 그러면 어떻게 푸는 건지 가르쳐 줄래?"

"엉? 그, 그게……."

영애는 당황했습니다. 답이 3번이라는 것만 외웠지 풀이 과정은 해답지를 봤기 때문에 잘 기억이 나지 않았습니다.

"그냥 해답지 봐. 거기에 설명이 잘 되어 있을 거야."

영애는 아무렇지 않게 대답했습니다. 그러자 수철이 얼굴은 더더욱 이상하다는 표정이 되었습니다.

"수학 문제 풀 때 해답지를 봐? 그러면 안 될 텐데……."

수철이는 조심스럽게 영애에게 다시 말했습니다.

"그리고 이 문제집은 수학경시용 문제집 가운데서도 가장 높은 단계야. 너한테 좀 어렵지 않아?"

수철이 말에 영애는 기분이 상했습니다. 등에서 땀이 쫙 나고 얼굴이 새빨개졌습니다.

"지난 번 수학 시험 봤을 때……."

수철이 말이 끝나기도 전에 영애는 톡 쏘아붙였습니다.

"그래, 너 잘났다. 너 수학 잘해. 하지만 나도 너만큼 공부하니까 걱정 마. 문제도 못 풀면서 잘난 체하기는. 흥!"

영애는 자리로 돌아와 책상 위에 엎드렸습니다.

'쳇! 나는 자기랑 친하게 지내고 싶어서 열심히 공부했는데, 남의 속도 모르고……'

수철이는 영문을 몰라 멍하니 영애를 쳐다보았습니다.

며칠 뒤, 또 수학 쪽지 시험을 보게 되었습니다.

'그 동안 어려운 문제집을 풀었으니까 잘 보겠지. 문제와 답을 다 외우다시피 했으니까 말이야. 김수철, 두고 봐라. 내 수학 실력에 놀랄 것이다.'

하지만 시험 결과는 뜻밖이었습니다. 여전히 수철이는 백 점입니다. 영애는 또 반이나 틀렸습니다. 똑같은 문제집으로 공부했는데도 영애의 수학 점수는 나아지지 않았습니다.

시험지를 내고 오다가 영애는 수철이와 눈이 마주쳤습니다. 얼굴이 빨개진 영애는 속으로 투덜댔습니다.

'도대체 뭐가 문제야?'

1. 연습만이 최고의 비결이다

1) 매일 꾸준히 푼다

수학을 잘하기 위해서는 문제를 보고 알맞은 공식을 이용해 정확하고 신속하게 푸는 기술이 필요합니다. 그 기술을 익히기 위해서는 많은 문제를 풀어 보는 수밖에 없습니다. 매일매일 적어도 30분 이상 일정한 양의 문제를 풀도록 하세요. 신기하게도 수학은 문제를 풀면 풀수록 이해도 잘 되고, 공식도 잘 암기되고, 실력도 늘고, 재미있어집니다.

수학에는 비법도, 요령도 없습니다. 그래서 지루하고 어려운 과목으로 생각되지만, 꾸준히만 하면 성적을 올릴 수 있는 쉬운 과목이기도 합니다.

2) 기본 문제를 중심으로 푼다

문제를 많이 풀어야 한다고 해서 무작정 아무 문제나 많이 풀면 되는 게 아닙니다. 자신 있는 유형의 문제만 잔뜩 풀거나, 어려운 문제만 푼다고 해서 실력이 늘지는 않습니다.

미국의 어느 연구 기관에서 실험을 했다고 합니다. 첫 번째 그룹은 한 종류의 문제만 반복해 풀게 하고, 두 번째 그룹은 여러 종류의 문제를 풀게 하고, 마지막 그룹은 서너 개 종류의 문제를 풀게 했다고 합니다. 그러고 나서 모든 학생에게 똑같은 문제를 풀게 했더니, 서너 종류의 문제를 푼 학생들의 성적이 가장 좋았다고 합니다. 위 실험에서도 알 수 있듯이 수학은 각 단원마다 반드시 익혀야 할 기본 문제가 있습니다. 이 기본 문제를 중심으로 반복해서 풀어야 응용력도 높일 수 있고 실수도 줄일 수 있습니다.

3) 빨리 푸는 연습을 한다

수학은 시간 싸움입니다. 시험 볼 때 시간이 없어서 문제를 채 못 푸는 경우가 많습니다.

그래서 정확하게 푸는 것 못지 않게 빨리 푸는 것도 수학에서는 중요합니다. 문제 푸는 속도도 수학 실력 가운데 하나입니다.

문제를 빨리 풀기 위해서는 역시 많은 문제를 풀어 보는 수밖에 없습니다. 특히 자주 나오는 문제는 자동적으로 풀 수 있도록 충분히 연습해야 합니다.

단, 아무리 빨리 풀어도 답이 틀리면 소용없겠지요? 먼저 집중해서 정확하게 푸는 습관을 들인 다음에 빨리 푸는 연습을 하도록 하세요.

2. 수학은 내 손으로 풀자

1) 손으로 푼다

아무리 쉬운 문제라도 손으로 직접 계산하면서 푸는 습관을 들이세요. 수학은 연필을 손에 쥐고 고민하면서 풀어야 하는 과목입니다. 암산으로 끝낼 수 있는 문제는 한정되어 있습니다.

문제를 풀다가 도저히 이해가 안 되어 해답을 볼 경우에도 연습장에 쓰면서 직접 정리하도록 하세요. 그래야 이해도 빠르고 완전히 자기 것이 될 수 있습니다.

2) 되도록 해답지 없이 풀려고 한다

수학 문제집을 보면 수학을 잘하는지 못하는지 알 수 있습니다. 몇 개 맞고 몇 개 틀렸는지가 문제가 아닙니다. 해답지 부분에 시커멓게 손때가 묻어 있으면 그 학생의 수학 실력은 그저 그렇습니다. 스스로 풀기보다는 해답 부분을 자주 들춰 보았다는 증거니까요.

수학 문제가 조금만 복잡해지고 막히면 바로 해답지를 찾는 것은 잘못된 습관입니다. 해답지를 보는 것은 공부가 아닙니다. 행여 해답지를 보고 풀이 과정을 완벽하게 이해했다고 해도 또 그 문제가 나오면 머리 속이 멍해질 것입니다.

눈으로만 익힌 것은 금방 사라지기 쉽습니다. 시간이 걸리더라도 스스로 차근차근 문제를 푸는 습관을 들이세요.

3) 질문도 당당하게 한다

수업 시간에 질문을 잘하는 학생들은 대부분 성적도 좋습니다. 질문은 몰라서, 무식해서 하는 것이라고 여기는데 오히려 그 반대입니다. 자신이 무엇을 모

르는지조차 알지 못하면 질문도 못한답니다. 그러므로 질문할 수 있는 자신의 실력에 자신감을 가지세요. 질문거리가 있다는 것은 그만큼 발전 가능성이 크다는 것입니다.

그리고 수학은 해답지를 보고 이해하는 것보다는 직접 물어보는 것이 좋습니다. 이해도 빠른데다가 설명을 듣다 보면 뜻밖의 비법이나 주의 사항도 알 수가 있답니다.

3. 수학의 '감'을 잡자

1) 수학의 감을 잡을 줄 안다

어느 정도 수학 공부를 꾸준히 하다 보면 시험 점수가 웬만큼 나올 것입니다. 하지만 우리는 웬만한 선에서 멈출 수 없지요! 보다 나은 점수를 위해서는 수학의 '감'을 잡을 줄 알아야 합니다.

문제를 보고 '이 문제는 이 공식을 이렇게 대입해야 한다.' 혹은 '이 문제는 이런 식으로 풀어야 한다.'는 감 말입니다. 일단 수학의 감을 잡으면 수학 성적은 그리 걱정할 것이 없습니다.

하지만 수학의 감은 남이 가르쳐 준다고 알 수 있는 것이 아닙니다. 어느 정도 기초가 쌓이고 문제를 많이 풀다 보면 저절로 익히게 됩니다.

2) 감을 키운다

한번은 사회 시간에 갑자기 한 아이가 '풀었다!' 하고 소리쳐서 깜짝 놀란 적이 있습니다.

뭔가 하고 봤더니, 그 전 수학 시간에 풀리지 않았던 문제를 계속 붙들고 있던 것이었습니다. 당연히 사회 시간에 딴 공부를 했으니 혼을 냈지요. 하지만 그 아이는 뭐가 기쁜지 계속 웃더라구요. 수학의 감을 잡은 웃음이었습니다.

어려운 문제를 오랜 시간에 걸쳐 혼자의 힘으로 풀었을 때의 쾌감! 그 쾌감을 아는 사람은 더욱 수학에 자신이 생기고, 그 느낌을 다시 한 번 느끼고 싶어서 자꾸 더 많은 문제에 도전하게 될 것입니다.

수학의 감을 키우기 위해서는 한 번쯤 어려운 문제에 매달려 보세요. 단, 해답지는 보지 말아야 합니다. 자신이 알고 있는 지식을 모두 동원하고 그림을 그려가며 풀어야 해요. 30분 또는 1시간 끙끙거리며 문제를 풀다 보면 자신도 모르게 수학의 고수가 될 수 있습니다.

3) 끈기 있게 매달린다

아무리 공부를 착실하게 해도 어려운 영역이 있기 마련입니다. 혹시 열 개의 단원 가운데 '한 단원쯤'이라는 생각으로 넘어가다가는 어느 순간 와르르 무너

지고 맙니다.

수학은 한 단원에서 그치는 것이 아닙니다. 모두 사슬처럼 연결되어 있어요. 특히 고학년으로 올라갈수록 이 사슬은 더욱 복잡해집니다. 하지만 복잡할수록 그 사슬을 풀었을 때의 기쁨은 더욱 커집니다.

수학의 감을 잡기 위한 여러분의 '끈기'를 보여 주세요. 어려운 단원일수록 집중적으로 파고들어 완벽하게 이해하고 문제 유형과도 친해지도록 하세요.

4. 한 단계 앞서서 공부하자

수학에 조금 흥미를 가졌다면 이번에는 수업 진도보다 조금 빨리 공부해 보세요. 이 방법은 방학을 이용하면 아주 좋습니다. 방학 때 한 학기 또는 한 학년을 앞서서 공부해 두면 수학 실력이 부쩍 늘어납니다.

선생님 설명을 들으면서도 '나는 저 내용 아는데.'라는 생각이 들어 흐뭇해지고, 수업 시간에 적극적으로 참여하게 된답니다. 그렇다고 너무 욕심내면 수학에 질릴 수 있으니까 조심하세요.

수학의 비법

　태경이 짝인 준수가 며칠 전부터 결석을 하고 있습니다. 교통 사고 때문입니다. 다행히 크게 다치지는 않고 다리 깁스만 했습니다. 하지만 며칠 안정해야 한다고 해서 일주일 정도 학교를 결석할 것이라고 했습니다.

　태경이는 걱정이 되면서도 마음 한 구석으로는 준수가 며칠 못 나오는 게 다행이라고 생각했습니다. 왜냐하면 수학경시대회 때문입니다. 태경이는 준수와 다른 과목은 수준이 비슷한데 수학은 조금 달립니다. 무슨 공부를 어떻게 하는지 태경이가 비법을 가르쳐 달라고 아무리 졸라도 준수는 꿈쩍도 하지 않았습니다.

　"임마, 비법은 혼자 알고 있어야 비법이야. 개나 소나 다 알면 그게 비법이냐?"

　그래서 일주일이나 수학 진도를 앞서 나가면, 이번 수학경시대회에

서는 준수보다 잘 볼 수 있을 것 같았습니다.

그러자 마음에 여유가 생겨 태경이는 준수 병문안을 갔습니다. 준수
는 다리 한 쪽을 깁스하고 침대에 누워 있었습니다. 여자 아이처럼 곱
상하게 생긴 얼굴이 아파서인지 더욱 창백해 보였습니다. 태경이는 준
수 옆에 앉으면서 말했습니다.

"일주일 동안 누워만 있어야 하니 심심하겠다."

"심심한 게 대수냐? 학교도 못 가고 학원도 못 가니까 나중에 진도

못 따라갈까 봐 그게 걱정이다."

준수 말에 태경이는 웃으면서 말했습니다.

"다리 부러져 누워 있는 녀석이 별 걱정을 다한다. 어서 나을 생각이
나 해."

태경이는 준수에게 마음 놓으라고 한 말인데 준수는 그만 오해를 하
고 말았습니다.

"그래, 짜샤! 너 혼자 공부 잘해서 일등해라."

태경이는 아차! 싶었습니다. 준수는 다른 아이들보다 공부도 잘하고
뭐든 욕심이 많습니다.

자존심도 세 누구에게 부탁하거나 도움받는 것도 질색을 합니다. 하
지만 태경이는 준수가 자신의 진심을 몰라 주는 것 같아 조금 섭섭했
습니다.

'에휴~, 아픈 녀석에게 따져 봤자지. 내가 참자.'

태경이는 속으로 그렇게 생각하고 준수에게 사과했습니다.

"미안, 미안. 난 그런 뜻이 아니었는데……. 학교 진도는 걱정 마. 내
가 노트 필기 해다가 갖다 줄게."

태경이 말에 준수는 기분이 조금 풀린 듯했습니다.

"정말 그렇게 해 줄래? 너라면 믿을 수 있지. 다리는 못 움직이지만
네 노트 베껴쓰는 데는 아무런 지장이 없으니까 괜찮을 거야. 부탁
해."

그 날부터 태경이는 준수를 위해 노트 정리에 신경쓰기 시작했습니

다. 글씨도 똑바로 쓰고 선생님 설명도 되도록 빠지지 않고 적었습니다. 준수가 태경이 노트를 보고 꼬장꼬장하게 굴었기 때문입니다.

한번은 사회 노트를 베끼던 준수가 태경이에게 물었습니다.

"그러니까 대동여지도가 목판 인쇄고 직지심경이 금속 인쇄인 거지? 근데 직지심경이 최초의 금속활자 인쇄본이라는 거야, 아니면 현존하는 것 가운데 가장 오래 되었다는 거야?"

"어? 글쎄……."

태경이는 준수의 질문에 대답하지 못했습니다.

"뭐야, 도와 주기로 했으면 제대로 해야지."

준수는 계집애처럼 입을 삐죽거렸습니다. 태경이는 그런 준수에게 뭐라 싫은 소리도 못하고 그냥 한숨만 쉬었습니다.

'그래, 이왕 해 주기로 한 거 잘해 주자.'

까다로운 준수 덕분에 태경이는 수업 시간에 더욱 집중을 해야 했습니다. 그러자 수업 태도가 좋아졌다고 선생님께 칭찬도 받았습니다. 선생님에게 칭찬을 들을 때마다 태경이는 기분이 좋았습니다. 그리고 준수네 집에 갈 때마다 준수 엄마도 고맙다며 맛있는 간식을 내오기 때문에 태경이는 매일매일 학교가 끝나면 가벼운 마음으로 준수네 집으로 향하고는 했습니다.

그렇게 거의 일주일이 되었을 때였습니다. 국어 노트 필기를 베끼던 준수가 문득 물었습니다.

"그런데 태경아. 왜 수학 공책은 한 번도 안 가져다 주니?"

"수학? 수학 공책이 어디 있어?"

태경이는 어리둥절해하며 되물었습니다.

"수학 시간에 선생님이 필기해 주시잖아?"

"아~, 그거. 공식이나 풀이 과정은 책에도 있고 참고서에도 있잖아."

그러자 준수는 어이없다는 듯이 물었습니다.

"그러면 너는 수학 공책 필기 따로 안 해?"

"수학은 문제 푸는 거잖아. 노트 필기가 뭐가 필요하냐? 네가 직접 풀어 봐야지 그것까지 내가 해 줄 수는 없잖아. 수학 문제 푼 연습장은 보여 줄게."

태경이는 주섬주섬 연습장을 꺼냈습니다. 그러자 준수가 코방귀를 뀌며 말했습니다.

"쳇! 너, 수학 공부 열심히 하는 거 같은데도 성적이 별로인 이유를 알겠다. 기본이 안 되었네. 노트 필기도 제대로 안 하면서 무슨……. 됐다. 내가 너한테 너무 많은 걸 기대했다."

준수는 그렇게 내뱉고 다시 노트를 베꼈습니다. 태경이는 그런 준수에게 몹시 화가 나 버럭 소리를 지르고 말았습니다.

"뭐야? 고마워하기는커녕, 뭐라구?"

준수는 태경이의 말은 들은 척도 않고 계속 노트만 베꼈습니다. 태경이는 자신이 무시당하고 있는 느낌이 들어 자기 노트를 휙 낚아챘습니다.

"이씨, 기껏 신경쓰고 발품 팔아서 도와 줬으면 고마운 줄을 알아야지, 이것저것 해 달라는 건 왜 이리 많은 거야? 네가 나보다 공부를 잘하면 얼마나 잘해?"

"다른 건 몰라도 수학은 너보다 잘해. 수학 공부 어떻게 하냐고 가르쳐 달라고 조를 땐 언제고."

준수는 아무렇지도 않게 대답하고는 침대에서 절룩거리며 내려왔습니다.

'씨이~. 다리만 안 다쳤으면 확!'

태경이는 당장이라도 주먹이 나갈 기세였습니다. 준수는 그런 태경이의 마음을 아는지 모르는지 책꽂이를 뒤적이더니 공책 두 권을 꺼냈습니다.

"자, 받아."

그것은 다름 아닌 수학 공책이었습니다. 태경이는 얼떨결에 노트를 받아 들고 멍하니 준수 얼굴을 바라보았습니다.

"나한테 수학 잘하는 비법이 뭐냐고 물었지? 거기 다 있어. 한 권은 수업 내용을 정리한 것이고, 한 권은 내 수학 비법 노트야. 너한테만 빌려 주는 거다."

잠시 말을 멈춘 준수는 몇 번인가 헛기침을 하더니 말을 이었습니다.

"일주일 동안 너무 고마웠다. 힘들었지? 만약 나였으면 너처럼 못했을 거야. 오히려 안 가르쳐 주었을 텐데……."

준수가 그렇게 애지중지하던 노트를 건네받고 태경이는 조금 머쓱해졌습니다.

"아니야. 너도 나라면 그랬을 거야. 그리고 이 노트, 고마워. 너한테는 소중한 걸 텐데……."

태경이도 진심으로 준수에게 고마워했습니다. 그런 태경이를 물끄러미 바라보며 준수가 한 마디 했습니다.

"그런데 수학 공책 필기도 안 한 무식한 네가 과연 내 노트를 이해할 수 있을지 모르겠다~."

준수는 새침하게 말하고는 태연하게 다시 침대에 누웠습니다. 태경이는 한 대 얻어맞은 듯이 멍하니 있다가 결국엔 준수와 마주보고 웃음을 터뜨리고 말았습니다.

1. 오답 노트를 만들자

1) 오답 노트는 반드시 만든다

내가 아는 학생은 수학경시대회에 나갈 때 문제집이 아니라 공책 한 권을 들고 갑니다. 무슨 노트인가 봤더니 오답 노트였습니다. 문제를 풀다가 틀린 것을 적어 둔 공책 말입니다.

다시는 똑같은 문제를 틀리지 않도록 다시 한 번 문제에 대해 생각해 보고 이해하기 위해 만든 것이지요.

여러분도 오답 노트를 만들어 보세요. 시험 직전에 한번 훑어보면 머리 속에도 쏙쏙 잘 들어오고 실수도 하지 않게 됩니다.

2) 나만의 오답 노트

오답 노트는 그냥 해답을 보고 베끼면 아무 쓸모가 없습니다. 공부 잘하는 친구 것을 따라 해도 소용 없습니다. 자신만의 것을 만들어야 해요.

오답 노트를 정리할 때는 반드시 문제를 쓰세요. 그러면 다시 한 번 문제에 대해 생각할 수 있게 됩니다.

그리고 풀이 과정에서 틀린 부분을 색깔로 표시합니다. 덧셈이나 뺄셈을 잘못한 것인지, 공식을 헷갈린 것인지, 아니면 문제 자체를 이해하지 못한 것인지 표시해 두세요. 그러면 자신이 어느 부분이 부족한지 쉽게 알 수 있습니다.

2. 나만의 노트를 만든다

1) 약점 노트를 만든다

수학을 웬만큼 하는 학생이 있는데 유독 그래프 문제에서 멈칫합니다. 이유를 들어 보니 그래프 문제가 어려워 문제를 풀기도 전에 겁부터 난다고 합니다. 자신 있게 문제를 풀어 나가다가도 그래프 문제만 나오면 움츠리게 된다고 해요.

아무리 수학을 잘한다고 해도 모든 문제에 자신이 있을 수는 없습니다. 누구나 다 약점이 있는 것이니까요. 그런 약점을 보완하기 위해 '약점 노트'를 이용하세요.

이해가 잘 안 되는 부분, 실수를 하게 되는 부분을 표시해 두면 나만의 비법 노트가 될 것입니다.

105

예) 소수의 계산을 예로 들어 볼까요?

* $0.1 \times 1.2 + 0.2 \div 0.4$를 분수로 바꾸어 계산해 보아라.

풀이)

$0.1 \times 1.2 + 0.2 \div 0.4$

$= 1/10 \times 12/10 + 2/10 \div 4/10$

$= (1/10 \times 12/10) + (2/10 \div 4/10)$ *임의로 괄호를 만들어 계산하면 헷갈리지 않는다.

$= (1/10 \times 12/10) + (2/10 \times 10/4)$

$= 3/25 + 1/2$ $= 31/50$

∴ 답 $31/50$

2) 공식 노트를 만든다

수학은 공식이 많습니다. 일일이 다 외워도 까먹고 시험 때가 되면 허겁지겁 공식을 정리하게 됩니다. 이럴 때를 대비해 평소에 공식을 따로 모아 두세요. 수학은 학년마다 다 연결되어 있으므로 차근차근 정리해 두면 도움이 많이 될 것입니다.

3. 수학 공책 정리하는 방법

1) 오늘 무슨 공부했나?

수학 공책 검사를 해 보면, 의외로 많은 아이들이 수학 공책을 그저 숙제용으로 쓰고 있습니다. 혹은 수업 시간에 필기한 부분을 따로 표시하지 않아 숙제와 뒤죽박죽되어 무슨 공부를 했는지 알 수 없어요.

이제부터라도 수업받기 전에 맨 먼저 날짜와 수업할 교과서 쪽수를 써 두세요. 그러면 나중에 찾아보기도 편합니다. 잘 이해가 안 가던 것도 공책을 보면 그 날 배웠던 내용이 새록새록 떠올라 복습할 때 도움이 많이 될 것입니다.

2) 공식은 눈에 잘 띄게

새로 나온 공식은 다른 색깔로 쓰거나 네모, 동그라미 등으로 테두리를 만들어 정리합니다. 그렇게 해야 나중에 찾아보기 쉽습니다.

또한 공식만 달랑 쓰기보다는 왜 그러한 공식이 성립되는지 해설도 정리하세요. 해설을 이해하면 공식은 쉽게 잊혀지지 않습니다. 해설 옆에 공식을 이용한 예시 문제를 하나 정도 풀어 놓는 것도 공식 암기에 도움이 될 것입니다. 따로 공식 노트를 만드는 것도 좋은 방법입니다.

3) 풀이 과정은 깨끗이 정리한다

문제는 물론 풀이 과정도 처음부터 끝까지 적습니다. 답만 적어놓을 거라면 노트 정리를 할 필요가 없습니다. 계산하는 게 귀찮아도 시험 문제를 풀 듯이 정확하고 차분하게 정리하세요. 혹 계산 과정이 틀렸다고 전부 지우지 말고, 그 아래에 계속 이어서 쓰도록 합니다. 그래야 자신이 어디에서 실수를 하는지 알 수 있어 같은 실수를 막을 수 있습니다.

그리고 실수하기 쉬운 곳, 계산하는 요령, 문제를 이해하는 방법 등을 잘 정리해 두어야 도움이 됩니다.

공책을 아껴 쓴다고 빽빽하게 공책 정리를 하기보다는, 한눈에 알아볼 수 있도록 시원스럽게 정리하는 것이 더 좋습니다.

일등 하는 아이들의 국어 공부법

국어공부는 안 해도 그만?

한성이 방을 청소하던 엄마는 한성이 국어 문제집을 보고 깜짝 놀랐습니다.

"아니, 얘가? 최한성!"

엄마는 국어 문제집을 들고 한성이를 불렀습니다. 마루에서 누나와 함께 텔레비전을 보고 있던 한성이는 열린 방문 틈으로 빼꼼이 얼굴을 내밀고 대답했습니다.

"왜요?"

"너, 이리 좀 와 봐."

엄마 말에 한성이는 조금 귀찮은 듯이 투덜댔습니다.

"에이, 지금 한창 재미있는 거 하는데……."

하지만 엄마의 심상치 않은 눈빛을 보고 한성이는 벌떡 일어났습니다. 엄마는 한성이 눈 앞에 문제집을 들이밀며 물었습니다.

"너, 왜 문제집을 하나도 안 풀었어? 곧 시험 본다면서. 또 벼락치기 할 거야? 너, 이제 5학년이야. 네가 할 일은 네가 알아서 해야지."

엄마의 잔소리에 문제집을 받아든 한성이는 저도 모르게 피식 웃으면서 말했습니다.

"엄마, 이건 국어 문제집이잖아요. 다른 건 다 풀었어요. 보실래요?"

한성이가 아무렇지도 않다는 듯이 다른 과목 문제집을 꺼내 펼쳐보였습니다. 한성이 말대로 수학이며 영어, 사회, 과학 문제집은 꽤 많이 풀었습니다.

"그런데 왜 국어는 안 풀었어?"

"국어 공부까지 할 시간이 없어요. 그리고 시간이 있으면 다른 과목 공부하지 뭐하러 국어 공부를 해요?"

엄마는 한성이 말에 기가 막혔습니다.

"그러면 너, 지금까지 국어는 공부 안 했니?"

"에이, 국어는 우리말인데 공부할 게 뭐가 있어요? 그냥 참고서 한번 휙 읽고 시험 보면 되지. 국어는 쉬워요. 그래서 문제집 살 때 국어는 필요 없다고 했잖아요."

한성이는 다시 마루로 나가면서 말했습니다.

그 소리를 들은 한성이 누나가 힐끗 한성이를 보며 말했습니다.

"헹? 국어가 쉬워? 네가 몰라서 하는 소리다. 나도 소싯적에는 그런 줄 알았지."

"누나야 머리가 나쁘니까 국어 학원씩이나 다니는 거지~. 자기 나라 말이 뭐가 어렵다고 학원씩이나 다니냐?"

한성이는 누나를 놀리듯 히죽거렸습니다.

중학교 2학년인 한성이 누나는 요즘 국어 학원에 다니고 있습니다. 초등학교 때까지, 아니 작년까지만 해도 공부를 잘한다 싶었는데, 이상하게 학년이 올라갈수록 국어 성적이 떨어져 학원에 다니게 된 것입니다.

"그래? 두고 보자고. 시험 보고도 그런 말이 나오나."

"헤, 두고 보자는 사람 무서운 거 없네요. 누나는 누나 앞가림이나 잘하셔."

한성이는 혀를 메롱 내밀고 누나 말을 무시했습니다. 그런데 누나가 정말 진지하게 물었습니다.

"너 진짜 국어는 공부 안 하냐? 5학년이면 고학년이야. 작년하고는 다를걸? 국어 우습게 봤다가는 나중에 누나처럼 고생할 텐데……."

누나는 고개를 갸웃거리며 한성이에게 말했습니다. 한성이는 여전히 자신만만하게 말했습니다.

"누나는 누나 앞가림이나 잘하라고. 내가 지금까지 국어 시험 공부를 해 본 역사가 없어. 그래도 점수는 잘 나오니까 걱정 붙들어 매셔~."

"국어 우습게 보지 마라. 국어가 국어에서 끝나는 게 아니다. 하긴 조그만 녀석이 어찌 이 누나의 깊은 뜻을 알겠냐?"

"하~참, 국어 공부는 안 해도 돼. 수학처럼 이해할 게 있어, 영어나 사회처럼 외울 게 있어? 국어 문제는 어차피 우리말에 대한 거야. 그

냥 문제 읽고 답 적고. 뭐가 문제야?"

한성이는 답답한지 손짓 발짓까지 해 가며 누나에게 말했습니다.

하지만 그렇게 기고만장하던 한성이가 시험 점수가 나온 후에는 꼬리를 내리고 말았습니다. 바로 국어 성적 때문이었습니다. 시험지를 받아든 엄마는 한성이를 무섭게 노려보았습니다.

"국어 점수가 왜 이래?"

엄마의 말에 한성이는 기다렸다는 듯이 말했습니다.

"어휴~, 옆반 선생님이 문제를 내서 그래요. 게다가 5반 선생님은 동화 작가이기도 해서 얼마나 국어를 잘 가르쳐 주시는데. 5반의 준수도 나처럼 국어 공부 안 하는데 90점 넘었잖아요. 저는 선생님을 잘못 만나서 그래요. 나도 5반이 되었으면 국어 시험 잘 봤을 텐데……."

"에라, 이 한심한 녀석아!"

엄마는 한성이 머리에 쿵! 하고 큰 알밤을 놓았습니다.

"네가 국어 공부 안 한 생각을 해야지, 왜 애꿎은 선생님 탓을 해!"

"진짠데……."

한성이는 아픈 머리를 매만지며 중얼거렸습니다. 그 모습을 보고 있던 누나가 새침하게 말했습니다.

"국어뿐만이 아니라 다른 과목도 성적이 조금씩 떨어졌다면서? 그렇게 공부 다 했다고 잘난 척하더니……."

"아, 그건 선생님들이 문제를 너무 꼬아서 냈기 때문이야."

한성이가 변명을 늘어놓기 시작했습니다.

"아니, 왜 문제를 꼬아서 내가지고 시험 보는 사람 헷갈리게 만드는 거야? 그냥 직설적으로 물어보면 되지 빙빙 돌려가지구……."

"요 녀석아, 그래도 잘했다지!"

엄마가 또다시 알밤을 놓았습니다. 한성이는 아프단 소리도 못하고 두 손으로 머리만 감쌌습니다.

"씨~, 괜히 나만 가지고 그래."

며칠 후였습니다. 수학 숙제를 하던 한성이가 머리를 긁적였습니다.

"이게 무슨 뜻이지?"

해답을 봐도 이해가 잘 되지 않았습니다. 한성이는 엄마에게 물어보았습니다.

"엄마, 이 문제를 잘 모르겠어요. '우리 집에는 개와 닭을 기르고 있다. 모두 12마리인데 다리는 34개이다. 개와 닭은 모두 몇 마리 기르고 있는 것인가?'. 도대체 다리 수 가지고 어떻게 알아맞추라는 건지……."

설거지를 하던 엄마는 조금 귀찮은 듯이 말했습니다.

"엄마가 지금 바쁘거든. 정 안 되면 문제 풀이 과정을 보고 해 봐."

"그게, 봐도 이해가 안 돼요."

엄마는 설거지를 하다 말고 한성이를 쳐다보았습니다.

"국어로 설명되어 있는 게 왜 이해가 안 돼? 엄마야말로 네가 이해 안 된다."

"엄마, 이건 국어가 아니라 수학 문제예요. 수학인데 왜 국어 얘기가 나와요."

한성이는 뾰로통해졌습니다. 며칠 전에 본 국어 시험 때문에 엄마랑 누나가 계속 놀리고 있기 때문입니다.

"이 녀석아. 문제도 제대로 이해 못하면서 어떻게 수학을 잘해. 정말 기본이 뭔지도 모르는 녀석 같으니라구."

마침 누나가 방에서 나왔습니다. 한성이가 엄마에게 꾸중듣는 것을
보고 누나가 고소하다는 듯이 말했습니다.

"거 봐라. 누나가 그랬지? 국어를 얕보면 타격이 클 거라구."

"씨, 도대체 국어랑 수학이랑 무슨 상관이 있다고들 그러는 거야?"

한성이는 머리를 긁적이며 중얼거렸습니다.

1. 예습을 통해 교과서를 충분히 익힌다

1) 미리 읽기를 한다

국어 교과서를 미리 읽어 두지 않으면 수업 시간에 아주 생소한 글을 대하게 됩니다. 그런 상태에서 수업을 받게 되면 이해력이 떨어져 수업이 점점 재미없어지겠지요. 수업에 흥미를 갖고 집중하기 위해서는 미리 읽기가 아주 중요합니다.

2) 스스로 단락을 나누고 정리한다

국어는 글의 내용을 정확하게 이해하는 능력을 키워야 하는 과목입니다. 따라서 이미 설명이 다 되어 있는 참고서보다는 교과서로 예습하는 것이 효과적입니다.

예습을 할 때 스스로 단락을 나눠 보세요. 그리고 각 단원의 핵심어가 무엇이고 지은이가 말하고자 하는 점이 무엇인지 정리합니다. 그런 후에 수업 시간이나 참고서를 통해 자신이 올바르게 글을 이해하고 있는지 확인해야 합니다.

물론 참고서가 정리도 잘 되어 있고 보기도 편합니다. 하지만 국어는 암기보다는 이해를 필요로 하는 과목입니다. 아무리 좋은 참고서로 공부한다고 해도 스스로 이해하지 않고 그저 남이 해 놓은 것을 외운다면 아무런 도움이 되지 않습니다.

3) 독해력을 키운다

국어 문제를 쉽게 풀려면 문장을 이해하는 능력, 다시 말해 독해력이 있어야 합니다. 독해력을 키우는 데는 책을 많이 읽는 것 이외에 특별한 방법이 없습니다.

그 기초 훈련을 쌓는데 가장 좋은 책이 바로 교과서입니다. 교과서에 나오는 글의 형식과 내용, 표현 방법 등을 충분히 익힌다면 중·고등학교에 진학해서도 그다지 어렵지 않게 국어 공부를 할 수 있습니다.

국어가 쉽다고 생각하는 학생들이 많습니다. 하지만 국어를 만만하게 봤다가는 큰코 다칩니다. 대입 수험생 가운데는 의외로 국어 성적이 잘 오르지 않아 고민하는 학생이 많답니다.

초등학교 때부터 기초 실력을 쌓지 않았기 때문이지요. 지금부터라도 튼튼하게 기초 공사를 해 두세요.

2. 사전을 잘 활용한다

1) 어휘력을 키운다

영어 단어를 모르면 해석을 못하고, 수학 공식을 모르면 문제를 못 풀듯이 국어도 단어의 뜻을 모르면 제대로 공부할 수 없습니다. 하지만 대부분 책을 읽다가 모르는 단어가 나와도 그냥 넘어가기 일쑤입니다. 계속 그런 식으로 넘어가다가는 어휘력이 부족해져서 문장을 제대로 이해하지 못하게 됩니다.

수능 시험에는 교과서 이외의 글이 지문으로 많이 출제됩니다. 지금부터 어휘력을 쌓아 두지 않으면 나중에 글의 내용은 물론 문제조차 제대로 이해하지 못하는 경우가 생길 수 있습니다.

2) 나만의 국어사전 만들기

영어 단어장을 만들듯이 국어도 단어장을 만들도록 하세요. 단어장을 만들 때는 반드시 사전을 활용해야 합니다. 사전에는 단어의 뜻뿐만 아니라 비슷한 말과 반대말, 예문, 속담 등이 함께 나와 있습니다. 그래서 참고서보다 더 정확하고 자세하게 단어를 익힐 수 있지요.

단어를 찾은 뒤에는 스스로 짧은 글짓기를 해 완벽하게 단어의 뜻을 익히세요. 교과서에 있는 단어뿐만이 아닙니다. 텔레비전을 보다가, 또는 책을 읽다가도 모르는 단어가 나오면 사전을 찾아 어휘력을 늘리세요.

3. 많은 문제를 풀어 본다

1) 문제를 통해 다시 한 번 공부를 한다

아무리 완벽하게 교과서며 참고서를 달달 외웠다고 해도 막상 문제를 풀어 보면 점수가 그저 그런 경우가 있습니다. 하지만 실망하지 마세요. 국어 문제는 얼마나 교과서를 이해했는지 알아보기 위해서만 푸는 것은 아닙니다.

문제를 통해 본문을 새롭게, 제대로 이해할 수도 있습니다. 정말 중요한 것이 무엇인지 문제를 풀면서 깨닫게 된다는 말이지요. 단, 틀린 문제는 완벽하게 이해하고 넘어가야 합니다.

2) 문제 푸는 훈련을 한다

국어 문제는 다른 과목에 비해 지문이 깁니다. 중 · 고등학교에 가면 더욱 길어지고 수능 시험에는 생소한 지문이 출제됩니다. 따라서 지문을 읽고 문제를 풀다 보면 시간이 모자라는 경우가 생긴답니다. 그러므로 글을 빠르게 읽되 내용을 파악하는 훈련이 필요합니다.

국어 우습게 보다가 큰코 다쳤다….

그러한 훈련은 문제를 많이 풀어 보는 수밖에 없습니다. 또한 문제 유형을 익히기 위해서도 많은 문제와 접하는 것이 좋습니다.

3) 오답 노트를 만든다

문제를 푼 다음에는 반드시 오답 노트를 만드세요. 오답 노트를 정리하다 보면 자신이 어떤 유형의 문제를 자주 틀리는지 알 수 있을 것입니다.

어휘력에 대한 문제인지, 독해력에 대한 문제인지 등을 파악해 부족한 부분을 보충하도록 하는 것이 좋습니다.

4. 장르별 공부하는 방법

1) 논설문과 설명문

논설문과 설명문은 글자 그대로 설득과 설명을 목적으로 한 글입니다. 따라서 그 목적에 따라 논설문의 경우는 지은이가 말하고자 하는 주장이 무엇인지 파악하고, 설명문의 경우 설명하고자 하는 대상이 무엇인지, 어떤 방법으로 설명했는지 살펴봐야 합니다.

2) 동시

동시에는 많은 뜻이 함축되어 있습니다. 따라서 시에 사용된 여러 가지 비유법과 수사법을 익히는 연습을 해야 합니다.

중·고등학교에 가면 시를 분석하는 방법에 대해 더 자세히 공부하는데 그 때 시의 상징과 의미를 찾는 훈련을 하면 기계적이게 되어 글쓴이의 의도를 파악하기 어려워집니다.

또한 교과서에 나오는 동시는 모두 외우세요. 시를 외우면 기억력도 좋아지고 운율에 맞춰 외우다 보면 창의력과 사고력이 커진다고 합니다.

3) 동화

동화는 발단, 전개, 절정, 결말의 형식으로 이루어진 글입니다. 동화를 읽을 때는 글의 흐름에 따라 인물의 심리 상태라든지 사건 전개 등 이야기 짜임을 잘 살펴야 합니다.

그리고 등장 인물의 성격을 잘 파악해야 하며, 가장 재미있고 감명 깊은 곳도 표시해 두세요. 마지막으로 동화가 주는 가르침을 정확히 알아야 합니다.

4) 기행문

기행문은 지은이의 여정을 순서대로 따라가야 합니다. 계절과 장소에 따라 지은이가 어떻게 생각하고 어떤 점을 느꼈는지 알아야 하고, 그 지방의 특색에 대하여 알게 된 점을 정리하도록 하세요.

진정한 독서왕

송이와 철규는 앙숙입니다. 만나기만 하면 별것도 아닌 문제로 서로 빈정거리다가 결국에는 큰 싸움으로 번집니다. 다른 사람은 몰라도 서로에게는 절대 지지 않으려고 합니다.

처음 시작은 반장 선거 때 비롯되었습니다. 선생님은 누가 반장을 하면 좋을지 추천을 하라고 했습니다. 몇 명 아이들이 추천되었습니다. 마지막으로 은지가 손을 들고 송이를 추천했습니다.

"송이는 작년에 반장을 했기 때문에 잘할 수 있을 거라고 생각합니다."

그런데 칠판에 송이 이름이 적히는 순간 철규가 불쑥 내뱉었습니다.

"쳇, 무슨 여자가 반장을 해? 반장은 남자가 하는 거지."

그 소리를 듣고 송이는 피가 쭉 솟아오르는 것 같았습니다. 송이는 눈동자가 안 보일 정도로 철규를 흘겨보았습니다. 그리고 매섭게 쏘아붙였습니다.

"무슨 소리야? 반장은 남자가 해야 한다는 법이 있어? 능력만 있으면 하는 거지."

"저 봐라. 별일도 아닌데 삐쳐 가지고. 하여간 여자는 저래서 안 돼."

철규는 송이를 약올리듯이 일부러 낮은 목소리로 말했습니다.

"너!"

송이가 벌떡 일어나 당장이라도 철규에게 달려들 기세였습니다. 순간 분위기가 썰렁해졌습니다. 그러자 선생님이 나섰습니다.

"이송이, 자리에 앉도록. 그리고 한철규. 반장은 꼭 남자가 해야 한다는 법은 없어. 철규가 실수한 거야. 송이한테 사과해라."

철규는 선생님 말에 마지못해 '미안해.' 하고 짧게 사과했습니다. 하지만 송이는 마음이 풀리지 않았습니다. 철규가 진심으로 사과한 것이라고 생각하지 않았기 때문입니다.

그 날 이후 철규와 송이는 개와 원숭이처럼 보기만 하면 말다툼을 했습니다. 반 아이들도 둘 사이를 말리다 못해 이젠 지켜보기만 할 뿐입니다. 때로는 다른 아이들끼리 철규와 송이를 놓고 떡볶이 내기 같은 것을 하기도 합니다. 정작 당사자인 송이와 철규는 아이들이 자신들을 놓고 무슨 일을 하든 상관없었습니다. 그저 어떻게 하면 서로를 이길까 하는 데만 온 관심이 쏠려 있습니다. 송이나 철규, 어느 한 쪽이 유별나게 잘하면 둘의 대결도 시시할 텐데 이상하게도 늘 막상막하입니다. 수학경시대회에서 철규가 잘했다면 이번에는 송이가 글짓기 대회에서 상을 받는 식입니다.

여름 방학이 끝나고 2학기가 시작되었습니다.

여전히 송이와 철규의 대결은 계속되었습니다. 재미있어진 것은 다른 아이들입니다.

아이들은 하다못해 여름 방학 동안 송이랑 철규 중 누가 더 컸는지 내기를 할 정도였습니다.

그러던 어느 날 종례 시간이었습니다.

"곧 독서의 계절인 가을이 됩니다. 우리 학교에서는 이번 가을에 학교 독서왕을 뽑기로 했어요. 참가할 사람은 지금부터라도 부지런히 책을 읽도록 하세요. 참, 우리 반에는 송이가 책을 많이 읽지? 송이야, 기대해 볼게."

선생님 말이 끝나자 아이들의 눈이 두 패로 나뉘었습니다. 한 쪽은 생글생글 웃는 송이, 다른 한 쪽은 뭐가 분한지 씩씩대는 철규였습니다. 철규는 송이를 한번 힐끗 본 후 속으로 중얼거렸습니다.

'흥, 이송이. 네가 책을 읽었으면 얼마나 읽었다고. 독서왕? 어림없다. 우리 학교 독서왕은 나야.'

선생님이 말한 독서 대회까지는 한 달 정도가 남았습니다.

철규는 책을 잘 안 읽는 편이었지만, 지금은 상황이 다릅니다. 급합니다. 송이를 따라잡으려면 하루라도 게을리할 수 없습니다.

철규는 우선 권장도서 목록부터 뽑았습니다. 그리고 도서관에 가서 무작정 목록의 1번부터 읽기 시작했습니다.

"독서가 별거야? 책 많이 읽으면 되지. 이번에야말로 이송이 코를 납작하게 해 주겠어!"

철규는 무서운 속도로 책을 읽어 나갔습니다. 책상 한 구석에 도서관에서 빌려온 책을 잔뜩 쌓아 놓고 읽었습니다. 조금 길다 싶은 동화나 역사, 사회책은 시간이 걸렸지만 짧은 동화책은 하루에 두 권씩도 읽었습니다.

　어느덧 독서 대회가 다음 주로 다가왔습니다. 그 동안 철규는 서른 권이 넘는 책을 읽었습니다.

　송이가 독서 대회에 나가는 것은 당연하다고 생각했는데, 철규도 독서 대회에 나간다고 하니 아이들의 장난이 다시 발동했습니다.

　"철규가 책을 많이 읽었다고는 하는데, 글쎄……. 송이가 워낙 책벌레라."

　"무쓴 쏘리! 철규가 얼마나 똑똑한데. 송이쯤은 문제가 아니지."

　친구들이 옆에서 슬슬 긁자 송이와 철규는 독서 대회 워밍업 겸 둘만의 대결을 하기로 했습니다. 재빠르게 성구가 사회를 보기로 했습니다. 철규와 송이 그리고 성구 주위에 반 아이들이 모여들기 시작했습니다.

　"자, 그러면 먼저 누가 책을 더 많이 읽었는지 책 제목 대기. 시~작!"

　성구의 구령과 함께 철규와 송이의 대결이 시작되었습니다.

　"'노인과 바다'."

　철규가 먼저 시작했습니다.

　"'제인에어'."

　송이가 여유있게 받아쳤습니다.

　"'80일간의 세계 일주'."

　"'소공녀'."

　"꼭 자기 같은 책만 읽었네. '톰소여의 모험'."

　"호, 그래? '시튼 동물기'."

두 사람의 책 제목 대기는 계속 이어졌습니다. 결국 성구가 끼어들어 중지시켰습니다.

"아, 그만그만. 이러다간 날 새겠다. 송이야 그렇다 치고, 철규 대단하다. 언제 그렇게 책을 많이 읽었냐?"

성구 말에 철규는 으쓱해졌습니다.

"뭘. 나도 한다면 하는 놈이야."

철규가 잘난 체를 하자 송이가 철규에게 물었습니다.

"너, '톰소여의 모험'을 읽었다고 했지? 톰이랑 모험하는 친구가 누구야?"

"엉?"

철규는 뜻밖의 질문에 깜짝 놀랐습니다.

"너무 갑작스럽게 물었나? 그러면 작가 이름은 알지?"

철규는 대답을 못하고 얼굴이 빨개졌습니다. 송이는 두 눈을 동그랗게 뜨고 물었습니다.

"마크 트웨인 몰라? 이상하네. 유명한 작가인데. 그러면 '80일간의 세계 일주'에서 동쪽을 향해 여행을 시작한 이유가 뭐야?"

철규는 정신을 가다듬고 기억해 내려고 애를 썼습니다. 하지만 머리 속에서 여러 가지 이야기가 한데 섞여 빙빙 돌기만 했습니다.

"뭐야 이거, 이렇게 간단하게 끝나는 거야?"

성구가 시시하다는 듯이 말했습니다. 여전히 철규는 얼굴이 빨개진 채 기억해 내려고 했습니다. 하지만 아이들의 눈이 모두 자신에게 쏠려 있어 당황해서 그런지 머리 속은 더 텅텅 비어 갔습니다.

'씩씩, 질 수 없어. 내가 한 달 동안 책을 서른 권이나 읽었는데……'

송이가 힐끗 철규 얼굴을 보고는 혼잣말처럼 말했습니다.

"별로 어려운 문제도 아닌데. 책 읽은 거 맞아?"

여전히 철규는 분해서인지 창피해서인지 얼굴이 빨개져 중얼거렸습니다.

"나는 분명히 서른 권이나 읽었다구……."

1. 제대로 된 독서를 하자

1) 적극적인 자세로 독서를 한다

초등학교를 졸업한 학생 가운데 지금도 좋은 성적을 유지하고 있는 학생은 대부분 책을 많이 읽은 학생입니다.

책을 많이 읽으면 이해력이 풍부해집니다. 그리고 인내력과 집중력이 커지기 때문에 공부하는 데에 많은 도움이 됩니다. 또한 창의력 개발을 위해 따로 애쓸 필요 없이 독서 하나로 모두 해결할 수 있습니다.

독서는 국어뿐만 아니라 다른 과목을 이해하고 공부하는 데 기초가 되므로 아주 중요하고 반드시 필요한 것입니다.

2) 책의 전체적 윤곽을 잡는다

책은 많이만 읽는다고 다가 아닙니다. 대충 읽는 독서는 아무런 도움이 되지 않습니다. 책을 읽을 때는 맨 먼저 목차와 글머리를 읽도록 하세요. 그러면 지은이가 왜 이 책을 썼고, 이 책에서 무엇을 얻을 수 있는지 전체적인 윤곽을 잡을 수 있습니다.

그리고 읽으면서 글의 내용과 자신의 생각을 비교해 보세요. 생각 없이 무작정 읽으면 책 제목만 기억할 뿐, 글의 내용과 요점은 머리에 남지 않습니다.

3) 읽으면서 내용의 뼈대를 간추린다

책을 읽을 때는 등장 인물의 성격, 배경 등을 살피고 재미있고 감동적인 부분을 음미하며 읽으세요. 그러면서 나름대로 줄거리를 머리 속으로 정리해 보도록 하세요. 메모를 하며 읽어도 좋습니다. 그렇게 책 읽는 습관을 들이면 교과서 공부를 할 때 단원 정리에도 도움이 될 것입니다.

이야기책 말고 학습에 도움이 되는 책을 읽을 때도 역시 나름대로 정리하는 습관을 들이세요. 예를 들어 과학에 관한 책을 읽었다고 해요. 여러 개로 구성된 꼭지 가운데 '번개'에 관한 부분을 읽었다고 합시다. 그러면 첫째 번개가 치는 이유, 둘째 번개를 피하는 방법, 셋째……. 이런 식으로 짤막짤막하게 정리를 하고 지나가야 머리에 오래 남게 됩니다.

2. 되도록 다양한 책을 읽자

1) 여러 분야의 책을 읽는다

독서 하면 으레 동화책만 생각하는데 전혀 그렇지 않습니다. 편식을 하면 몸이 약해지듯 독서도 한 장르만 읽으면 폭넓은 지식을 쌓을 수 없습니다. 독서는 국어 공부에만 도움이 되는 것이 아닙니다.

과학이나 사회, 수학도 독서로 풍부한 지식을 쌓을 수 있습니다.

그리고 수능 시험에 출제되는 지문은 문학만이 아닙니다. 다양한 부문에서 출제되므로 여러 가지 글을 읽어 두어야 해요. 그렇기 때문에 책뿐만 아니라 신문, 잡지 등 여러 분야의 글과 책 읽는 습관을 들여야 합니다. 특히 신문은 사회, 문화 등 여러 분야의 지식을 쌓는데 많은 도움을 받을 수 있습니다.

2) 재미있는 것부터 읽는다

독서가 좋다는 것은 잘 알지만 막상 책을 손에 쥐면 온 몸이 비비 꼬이고, 잠이 쏟아지고……. 그래서 책 읽기를 싫어하는 학생들에게 권장도서가 아닌 재미있는 책을 골라서 읽도록 했습니다.

만화책이든 그림이나 사진이 많이 든 책이든 계속 읽도록 했어요. 그렇게 한 학기가 지나자 모두 취미를 붙여 지금은 여러 종류의 책을 많이 읽고 있습니다.

독서는 맨 처음 관심을 가지는 게 중요합니다. 일단 흥미가 생기면 점점 좋은 책을 많이 읽게 될 거예요.

3. 읽기에서 끝내지 말자

1) 독서 일기를 쓴다

학생들이 내는 독후감을 보면 줄거리를 요약하고 마지막에 자신의 느낌을 한 줄 쓴 게 다입니다. 그러다 보니 형식도 내용도 다 비슷하지요.

그래서 독서 일기를 쓰도록 했어요. 책을 읽는 대로 간단하게 책의 줄거리나 느낌을 적도록 했습니다. 한두 줄이라도 괜찮다고 했더니 학생들이 부담 없이 자유롭게 쓰는 것 같았습니다.

형식도 다양해져 주인공에게 편지를 쓰기도 하고, 내가 만약 주인공이라면 어떻게 했을지 느낌을 적기도 했습니다. 그렇게 꾸준히 독서 일기를 쓴 학생들은 지금은 제법 괜찮은 독후감을 쓸 수 있게 되었답니다.

남의 것을 베끼는, 아무 도움도 되지 않는 독후감을 쓰기보다는 독서 일기를 쓰는 습관을 들이세요. 그러면 책을 더욱 가까이 접하게 되고, 많은 지식을 얻을 수 있을 것입니다.

2) 독서 토론을 한다

몇몇 학생들이 모여서 독서 토론회를 만들었다고 해 관심을 가지고 지켜보았습니다. 토론회라고 해도 별것이 아니라 일주일에 한 번씩 모여 각자 읽은 책의 줄거리와 느낌을 이야기하는 것이었습니다.

학생들은 이런저런 이야기를 하면서 서로 좋은 책을 권하기도 해 다양한 장르의 책을 읽는 것 같았습니다.

그러다 보니 서로 경쟁이 붙어 책도 많이 읽고, 무엇보다 눈에 띄는 것은 말을 논리적으로 할 수 있게 된 것입니다. 친구들에게 이야기하기 위해 조리 있게 요점 정리하는 실력이 점점 늘어난 것입니다. 이제는 수업 시간에 단연 돋보이는 학생들이 되었지요.

말 따로, 글 따로

"그래 가지구, 불치병에 걸린 여자 주인공이 남자에게 이별을 고하는 거야. 남자는 여자가 자신을 떠나보내기 위해 거짓말하는 것을 몰라. 남자는 여자에 대한 배신감으로 이를 악물고 낙엽이 지는 거리를 걸어가고, 여자는 긴 머리를 휘날리며 핏기 없는 얼굴에 간신히 눈물을 참으면서 그 남자를 바라보는 거야. 아주 슬프게……. 근데 바람은 또 왜 그렇게 많이 분다니? 에휴~, 결국에는 사랑하니까 떠난다는 거지."

"어머머머. 눈물난다, 얘."

현주 주위에는 오늘도 여자 아이들이 잔뜩 모여 있습니다. 어제 미처 보지 못한 드라마 줄거리를 듣기 위해서입니다.

"너무 슬프다. 서로 좋아하는데 왜 떠날까?"

"원래 사랑 이야기는 다 그래."

미정이가 나지막이 말했습니다.

"그것도 그렇고, 현주가 재미있게 얘기해서 더 그런 거 같아."

친구들 말대로 현주는 재담꾼입니다. 현주가 하면 그저그런 이야기도 때로는 배꼽을 빼놓을 만큼 재미있어지고, 때로는 눈물이 날 정도로 슬퍼집니다.

만화영화나 텔레비전 드라마도 방송을 보는 것보다 현주에게 이야기로 듣는 게 더욱 재미있습니다. 하다못해 야구 경기 중계도 현주가 하는 게 더 재미있습니다.

"어제 경기? 참 나, 어제 얼마나 기가 막힌 일이 벌어졌는지 알아? 아무리 야구에서 2점 리드는 아무 것도 아니라고 하지만, 9회 말이잖아. 원 아웃에 만루. 볼 카운트까지 필요도 없어. 그 구원 투수가 방어율 짱이잖아. 공 하나면 병살로 잡기 딱 좋은 찬스잖니? 그런데 그 투수가 어쨌는 줄 알아? 와인드업까지는 완벽했지. 그런데 공이 손에서 떠나는 순간, 딱! 홈런을 맞은 거야. 구원 투수가 완전히 경기 망치고 만 거지."

현주가 손짓 발짓에 인상까지 써 가며 이야기하다 보면 남자아이들도 이야기 속으로 흠뻑 빠져들 정도입니다.

당연히 친구들 사이에서는 인기 짱이고, 동화구연대회는 으레 현주 몫입니다. 선생님이나 친구들이 함께 만들어 준 원고를 외우고 앞에 나가서 맛깔나게 이야기하는 현주에게 당할 사람은 아무도 없습니다.

그러던 어느 사회 시간이었습니다. 직업에 대해 배우다가 문득 선생님이 말했습니다.

"아, 이 참에 모두 장래 희망에 대한 이야기를 해 볼까?"

"저는 영화배우가 될 거예요."

늘씬하고 예쁜 숙이가 말했습니다. 그러자 숙이 짝인 정수가 장난스럽게 말했습니다.

"영화배우 하려면 넌 이름부터 바꿔야 할 거야. 영화배우 정숙이. 발음 나는 대로 하면 '정수기'. 웃기잖아."

정수 말에 모두 웃음을 터뜨렸습니다.

"저는 세계에서 제일 가는 프로게이머요."

게임왕 정수다운 꿈입니다.

"저는 고등학교 선생님이 될 거예요."

새침한 미정이가 말했습니다.

"왜 하필 고등학교야?"

선생님이 묻자 미정이는 얼굴이 빨개져서 말했습니다.

"그게, 히… 멋진 오빠들이 많으니까요."

미정이 말에 교실은 웃음바다가 되었습니다.

"저는 소설가요."

"우와!"

현주가 자신의 꿈을 말하자 아이들은 감탄사를 내뱉었습니다. 현주는 자신있게 자신의 생각을 이야기했습니다.

"소설가는 감동 있는 이야기를 들려 주는 사람이니까 저한테는 딱이라

고 생각돼요. 저는 아이들에게 이야기를 들려 주는 게 좋거든요. 자신이 좋아하는 일을 하면 정말 행복할 거예요."

"그래. 선생님도 현주는 꼭 멋진 소설가가 될 거라고 생각해."

선생님은 물론 친구들도 모두 현주가 소설가의 꿈을 갖는 게 당연하다고 생각했습니다.

"그러면 15년 후의 미래 일기를 써 보면 어떨까?"

"미래 일기요?"

아이들이 되묻자 선생님은 웃으며 말했습니다.

"그래. 15년 후, 2018년 5월. 그 때 일기를 미리 써 보자구. 여러분들이 배우가 되고 소설가가 되고 게이머에, 선생님이 되었다고 생각하고 15년 후의 일기를 써 보는 거야. 어때?"

"오호~, 재밌겠는걸?"

"네!"

아이들은 모두 15년 후의 자신들의 모습을 생각하며 힘차게 대답했습니다. 집으로 돌아온 현주는 바로 책상에 앉았습니다. 선생님 말이 떨어지자마자 15년 후 자신의 모습이 벌써 머리에 그려졌습니다.

"난 분명히 유명 작가가 되어 있을 거야. 좋은 작품을 위해서 밤새 글을 쓰고 있겠지?"

현주는 공책을 펼친 채 머리 속으로 상상의 나래를 펼쳤습니다.

"어쩌면 작가 사인회 다니느라 바쁠지도 몰라. 인기 작가 김현주. 큭큭……."

현주는 얼굴까지 빨개져 온몸을 비비 꼬았습니다. 그러다가 두 손으로 볼을 감싸고 정신을 차렸습니다.

"자, 생각만 하지 말고 얼른 숙제해야지. 미래의 일기라……. 평소에도 안 쓰는 일기를 막상 쓰려니까 좀 어색하네."

현주는 연필을 쥐고 일기 제목을 썼습니다.

"소설가… 날짜 2018년 5월. 오늘 나는……. 아냐, 아냐. 소설가가 쓰는 일기인데 잘 써야지."

현주는 날짜만 빼고 다시 지웠습니다. 하지만 술술 풀릴 것 같던 이야기가 어찌된 일인지 제목을 쓰고 나니 앞이 꽉 막혔습니다.

현주는 가만히 공책을 들여다보았습니다. 아이들 앞에서 이야기할 때는 술술 잘 나오던 말이 막상 공책을 펼치고 연필을 쥐니 눈 앞이 깜깜

해졌습니다. 머릿속 영상이 휙휙 지나가고 잡히지 않았습니다.

"어떻게 써야 하지?"

현주는 30분 이상 미래 일기 날짜만 써 놓고 한 줄도 제대로 채우지 못했습니다.

"잠깐, 다시 정리해 보자."

현주는 연필을 놓고 다시 혼잣말로 이야기를 중얼거렸습니다.

"나 작가 김현주는 오늘도 좋은 작품을 쓰기 위해 새벽까지 원고에 매달렸다. 낮에는 잠깐 대형 서점에서 열린 사인회를 다녀왔는데, 이번 달에도 내 책을 읽은 사람이 가장 많았다고 한다. 사람들은 내 사인을 받기 위해 꽤 오랫동안 줄을 서서 기다렸다. 다른 사람들이 내 책을 읽고 감동을 받았다고 해 기분이 좋았다. 나도 그들에게 답하기 위해 더 좋은 작품을 많이 써야겠다. 그리고… 맞아, 좀 전에 노벨 문학상 후보로 내가 올랐다는 통보를 받았다."

입으로는 술술 잘 나왔습니다. 그런데 막상 연필을 쥐고 글로 쓰려고 하면 모든 이야기가 뿔뿔이 흩어져 날아가 버렸습니다.

"이상하네? 미래의 베스트셀러 작가가 고작 일기 때문에 이렇게 고민을 하다니. 너무 잘 쓰려고 해서 그런가? 쉽게 생각하자구. 자, 다시 심호흡하고, 휴~."

하지만 현주는 마음대로 쉽게 글을 쓰지 못했습니다. 텅 빈 공책은 한 줄도 채워지지 않았습니다.

"도대체 뭐가 문제야? 뭘 쓸지도 잘 알고 입으로 술술 잘 나오는데 왜 공책만 보면 깜깜해지냐구!"

현주는 너무나 답답한 나머지 소리를 버럭 지르고 말았습니다.

시간은 점점 흘러갔습니다. 하지만 현주는 점점 답답하고 조급해질 뿐 숙제는 쉽게 해결되지 않았습니다.

직접 글을 써 보자

1. 일기는 꼭 쓴다

1) 일기는 숙제가 아니다

일기 숙제를 내면 괴로워하는 학생이 많습니다. 대부분 귀찮아하죠. 하지만 일기를 쓰면서 자신의 행동과 생각을 반성하기도 하고, 어려움을 잘 대처한 것들을 돌아보면서 하루하루 성장하는 것을 알 수 있습니다.

그리고 날마다 일기를 쓰다 보면 여러 가지에 대해 생각할 수 있고, 자신의 생각을 표현할 수 있는 능력이 길러집니다. 그러한 능력은 나중에 논술 등 글을 쓸 때 그 빛을 발하게 되지요.

2) 꼭 같은 형식이 아니어도 된다

글짓기를 잘하는 학생이 있는데, 그 학생의 일기장을 검사할 때면 은근히 기

대가 됩니다.

　평범하게 쓴 날도 있지만, 어떤 날은 선생님에게 편지를 쓰기도 하고 또 어떤 날은 학교에서 있었던 일을 마치 신문기자가 쓰듯이 쓰기 때문에 아주 재미있습니다. 단연 글짓기 대회에서 상을 놓친 적이 없지요.

　생각하는 방법과 틀을 바꿔 보세요. 다양한 표현을 사용하면 할수록 일기 쓰기가 즐거워지고, 글쓰는 실력도 늘어날 것입니다.

2. 다양한 형식의 글을 써 보자

1) 직접 해 봐야 정확하다

책을 아무리 많이 읽어도 직접 써 보지 않으면 글쓰기 실력이 늘지 않습니다.

　간단하게 예를 들자면 텔레비전을 보고 줄거리를 말하기는 쉽습니다. 하지만 직접 글로 쓰려 하면 꽤 까다롭답니다. 아무리 글쓰는 법을 잘 알고 있다고 해도 직접 써 보지 않으면 그 실력을 알 수 없습니다.

　직접 글을 많이 써 봐야 자신의 글이 논리적인지, 잘못 사용하고 있는 표현은 없는지, 너무 많이 쓰는 부사나 형용사는 없는지 등을 알 수 있습니다. 이렇게 자신도 모르는 습관을 발견하다 보면 논리적으로 말하는 것에도 큰 도움이 될 수 있습니다.

2) 글쓰는 방법

　글을 쓰기 위해서는 우선 무엇에 대해 쓸 것인지 적당한 소재를 결정해야 합니다. 그런 다음에 제목을 정하지요. 제목은 글의 내용을 잘 나타낼 수 있는 것이어야 합니다. 봄에 대한 글을 쓰면서 엉뚱한 계절이 떠오르는 제목을 지으면 안 되겠지요.

제목을 정했으면 이제 어떤 형식으로 글을 쓸 것인지 틀을 만들어야 합니다. 수필인 경우는 자신의 개성이 잘 드러나야 할 것이고, 기행문인 경우는 여행의 흐름에 따라 글을 써야 할 것이고, 논설문이면 자신의 의견을 분명하게 주장해야 할 것입니다.

글을 다 쓴 다음에는 찬찬히 다시 읽으면서 어색한 표현이나 맞춤법, 띄어쓰기 등을 바르게 고쳐야 해요. 글은 다듬으면 다듬을수록 더 좋은 글이 될 수 있습니다.

3) 쉬운 글부터 써 보자

글쓰기가 서투르다고 생각되면 원고지를 채우는 글쓰기부터 시작할 필요는 없습니다. 사물을 보고 간단하게 자신의 느낌을 적어 보세요. 등교길에 본 사람들이나, 텔레비전을 보고 또는 만화책을 읽고 느낀 점을 짧게나마 써 보는 것이 좋습니다. 그러다 보면 점점 자신의 느낌과 생각을 표현하는 능력이 키워질 것입니다.

4) 다른 사람이 쓴 글에서 배운다

일기 쓰는 것 이외에 다른 글을 쓰는 게 자신 없다면, 다른 사람이 쓴 글을 많이 읽어 보도록 하세요. 그리고 나름대로 분석도 해 보고, 나라면 이렇게 썼을 텐데, 하고 자신의 의견도 적어 봅시다.

정 어렵다면 짧은 글을 그대로 옮겨 보는 것도 좋은 방법입니다. 많은 작가들도 좋은 글을 베끼면서 공부를 한다고 해요. 직접 글을 옮겨쓰다 보면 눈으로 읽을 때는 몰랐던 부분을 발견할 수도 있고, 글쓰는 방법을 터득할 수도 있다고 합니다.

5) 글씨를 바르게 쓴다

공책 검사를 하거나 시험 채점을 할 때, 무슨 글자인지 알아보기 어려운 경우도 있고 너무 날려 써서 보기 안 좋은 학생이 많습니다. 아무리 컴퓨터 때문에 글씨 쓸 일이 점점 없어지고 있다고 하지만, 계속 버릇으로 남겨두면 점점 고치기 어려운 것입니다.

특히 주관식 답안을 작성하거나 이 다음에 대입 논술 때 점수가 깎일 수도 있습니다. 지금부터라도 바르고 예쁜 글씨를 쓰도록 신경 쓰세요.

3. 논술 준비를 하자

대학 입학 시험에 논술이 차지하는 비중이 점점 높아지고 있습니다. 수능 시험이 아직 먼 일이라고 생각할지 모르지만, 논술만큼은 지금부터 책을 많이 읽고 글을 많이 쓰면서 준비하세요. 그러면 나중에 따로 논술 공부를 할 필요가 없어질 것입니다.

논술은 주어진 주제를 얼마나 정확하게 이해하고 얼마나 폭넓게 생각했는지 확인하는 시험입니다. 따라서 무엇보다 자기 주장이 확실해야 하고 글에서 자신감을 느낄 수 있어야 합니다.

그렇다고 무턱대고 써 내려가면 무슨 소리를 하고 있는지 자신도 모르게 됩니다. 결론도 처음과 다르게 내려 앞뒤가 맞지 않는 글이 되고 말지요.

논술은 쓰기 전에 우선 주제를 정확하게 판단해야 합니다. 그리고 쉬운 문장으로 서론, 본론, 결론을 정확하게 구분하며 써야 일관된 글을 쓸 수 있습니다.

글을 다 썼으면 선생님이나 부모님께 보여 잘못된 부분을 지적받아야 해요. 그래야 더 나은 글을 쓸 수 있습니다. 그리고 다른 사람이 쓴 논술을 읽어 보는 것도 잊지 마세요.

한자는 필요 없다?

"하~씨! 한 문제만 맞혔으면 백 점인데."

한희는 학원에서 보는 국어 시험지를 들고 아까워서 어쩔 줄 몰랐습니다. 학원 국어 시험에서 백 점을 맞으면 그렇게 갖고 싶던 인형 시리즈 가운데 하나를 엄마가 사 주기로 약속했기 때문입니다.

지난 번 글짓기 대회에서 장원을 했을 때, 엄마가 처음 그 인형을 사 주었습니다.

"어이구, 우리 예쁜 딸! 다음 시험에서 백 점 맞으면 엄마가 또 사 줄게."

그렇게 약속했기 때문에 한희는 내심 언제 시험을 보나, 바라고 있었습니다. 그런데 아깝게 한 문제를 틀리고 만 것입니다.

"그것두 별것 아닌 한자 때문에 틀리다니……. 하~ 한자는 너무 어려워. 자랑스런 한글이 있는데 도대체 왜 한자를 배워야 하는 거야."

한희는 투덜대면서 가방을 질질 끌고 집으로 돌아왔습니다.

이제 인형은 물 건너 간 것이나 마찬가지입니다. 다음 시험을 기다리는 수밖에 없습니다.

집으로 돌아와 현관문을 여니 못 보던 신발 한 켤레가 놓여 있었습니다.

"어험, 우리 강아지 왔냐?"

파주 할아버지입니다. 한희 할아버지의 사촌동생이라고 하는데, 한희는 복잡한 촌수 따지기가 귀찮아 그냥 파주 할아버지라고 부릅니다.

"안녕하셨어요?"

한희는 두 손을 가지런히 모으고 고개를 깊이 숙여 인사했습니다.

할아버지는 파주에서 서예 학원을 합니다. 옛날로 치면 훈장님이라고 해서 그런지 한희는 파주 할아버지 앞에서는 예절 바른 학생이 되곤 합니다.

"한희가 많이 컸구나."

할아버지는 두 눈을 가늘게 뜨고 웃었습니다.

"한희 왔니?"

엄마가 할아버지께 대접할 차와 과일을 내오며 한희를 맞았습니다.

"오늘 학원에서 시험 봤지? 어디 보자."

엄마 말에 한희는 뾰로통해져 가방에서 시험지를 꺼냈습니다. 할아버지도 뭔가, 하고 엄마 어깨 너머로 한희 시험지를 보았습니다. 그리고는 얼굴 가득 환한 미소를 지으며 말했습니다.

"한희가 공부를 잘하는구나. 다 맞고 하나 틀렸네. 우리 강아지, 할아버지가 용돈 줘야겠다."

할아버지는 지갑에서 지폐 한 장을 꺼내 한희에게 내밀었습니다. 엄마는 괜찮다며 할아버지를 말렸지만 할아버지는 엄마 손을 밀어내며 한희 손에 쥐어 주었습니다. 꿩 대신 닭이라고, 한희는 뜻밖의 용돈이 생겨 기분이 좋았습니다.

"고맙습니다. 백 점 맞을 수 있었는데 너무 속상해요. 한자 문제 때문에……."

한희가 어리광을 부리듯 투덜대자 할아버지는 그 모습이 귀여운 듯 연신 미소만 지었습니다.

"한자를 틀렸어?"

"네. 쓸모도 없는 걸 왜 배우는지 몰라요. 아마 선생님이 우릴 골탕먹이려고 낸 것 같아요."

찻잔을 들던 할아버지는 문득 손을 멈추고 한희를 쳐다보았습니다.

"한자가 왜 쓸모 없어?"

"우리한테는 세종대왕이 만드신 한글이 있잖아요. 한글이 얼마나 편해요. 한자처럼 복잡하지도 않고. 무엇보다 요즘에는 한자를 거의 안 쓰잖아요. 신문도 다 한글인데."

한희가 제법 야무지게 말하자 할아버지는 엷은 미소를 지으며 말씀하셨습니다.

"그래도 한자를 모르면 우리말을 다 안다고 할 수 없단다. 우리말에는

한자가 꽤 많잖니. 그 말을 다 이해하려면 한자를 알아야 해.”

“에이, 순수 우리말이 있잖아요. 솔직히 한자는 몰라도 불편한 거 하나
도 없어요.”

“과연 그럴까? 지금 네가 한 말에도 한자가 많은데.”

“네?”

한희는 깜짝 놀랐습니다. 할아버지는 손가락을 하나하나 꼽으면서 말
했습니다.

"순수(純粹), 솔직(率直), 한자(漢字), 불편(不便). 다 한자잖니."

"그런가? 어쨌든 한자를 몰라도 뜻은 다 알잖아요."

"그래?"

할아버지는 여전히 얼굴 가득 웃음을 지었습니다.

그 날 저녁은 오랜만에 외식을 했습니다. 할아버지를 모시고 온 가족이 횟집에 갔습니다.

주문을 하고 나자 먼저 세발낙지가 나왔습니다. 낙지를 본 순간 한희는 입맛을 다셨습니다.

"우와, 낙지다. 음~ 내가 제일 좋아하는 낙지."

그러자 할아버지가 빙그레 웃으며 말했습니다.

"한희야, 이 할아버지가 낱말 뜻 문제를 낼 테니 한번 맞춰 볼래?"

"문제요?"

"그래. 한희가 한 문제라도 맞추면 한희가 사 달라는 거 다 사 주고, 만약 다 틀리면 당장 천자문 공부하기로 하고."

"천자문이오?"

한희는 잠시 머뭇거렸습니다. 이기면 좋지만 만약 지기라도 하면 지겨운 한자를 공부해야 한다는 생각이 잠깐 스쳤기 때문입니다. 하지만 한희는 세발낙지를 입으로 쏙 넣으며 대답했습니다.

"네."

한희가 자신있게 대답한 것은 설마 하니 할아버지가 어려운 낱말 뜻 문제를 낼까, 하는 생각이 들어서였습니다. 그리고 일단은 한 문제만 맞춰도 되니까요. 할아버지가 첫 번째 문제를 냈습니다.

"세발낙지는 왜 세발낙지일까?"

"세발낙지요? 글쎄요……."

한희는 접시에 담긴 낙지를 가만히 바라보았습니다. 사실 지금까지 먹기만 했지 왜 낙지 이름이 세발낙지인지는 몰랐습니다.

"다리가 세 개라서 세발낙지인가?"

한희는 고개를 갸웃거렸습니다.

"예끼, 다리가 세 개인 낙지가 어디 있어?"

"헤헤, 그러면 왜 세발낙지예요?"

한희가 혀를 날름 내밀고 멋쩍게 웃었습니다.

"가늘 세(細)를 써서 세발낙지란다. 다리가 워낙 가느다래서, 그래서 세발낙지라고 하는 거지."

"아~."

한희는 고개를 끄덕였습니다.

"그러면 다음 문제. 이 음식점 이름이 '맛나 활어'인데, 활어의 뜻이 뭘까?"

"활어? 활……. 할아버지, 힌트요."

"음, 활어에서 '어'는 물고기 어(魚)를 쓴단다."

골똘히 생각하던 한희가 조금 자신 없는 목소리로 대답했습니다.

"혹시, 활처럼 팅팅 거릴 정도로 신선한 물고기라는 뜻인가요?"

이번에도 할아버지가 웃으면서 말했습니다.

"활어는 한자로 活魚라고 쓴단다. 살 활(活)과 물고기 어(魚), 그러니까 살아 있는 물고기를 활어라고 하는 거란다."

"아~ 그렇구나. 정말 한자만 알았다면 다 맞출 수 있는 건데!"

"어쩌나, 약속은 약속이니 한희는 오늘부터 천자문 공부하는 거다?"

한희는 어려운 한자 공부 할 생각에 머리가 무거워지는 것 같았습니다. 그러면서 한편으로는 국어에 많은 한자가 숨어 있다는 것이 놀라웠습니다.

한자 공부를 하자

1. 한자 공부하는 방법

1) 한자 공부를 왜 하는가?

우리말의 70%가 한자어입니다. 그러므로 책을 읽을 때 한자를 모르고 이해하기란 아주 어렵습니다. 다시 말해 한자를 어느 정도 아느냐와 어휘력 그리고 이해력은 꽤 밀접한 관계가 있다고 할 수 있지요. 지겹고 어렵고 복잡하다고 한자를 멀리하기엔 한자의 위력이 너무 세답니다.

2) 부수를 외운다

영어가 알파벳으로 이루어졌듯이 한자는 부수로 이루어져 있습니다. 부수를 외워야 한자를 이해하는데 도움이 되고, 또한 제대로 쓸 수 있습니다.

옥편 맨 앞장에 있는 부수를 모두 외우도록 하세요. 200여 개나 되는 부수를

언제 다 외우나 하겠지만, 사물의 모양을 본떠 만든 글자가 많으므로 의외로 쉽게 외울 수 있을 것입니다.

일단 부수만 알면 한자의 음과 뜻은 쉽게 암기할 수 있습니다. 예를 들어 새와 관련된 한자는 대부분 새 조(鳥) 부수를 사용합니다. 닭 계(鷄), 오리 압(鴨), 비둘기 구(鳩)…….

한자의 수는 헤아릴 수 없이 많습니다. 무턱대고 외우면 아무리 머리가 좋다고 해도 한계가 있습니다. 하지만 부수의 뜻을 이해하면서 외우면 훨씬 재미있고 쉽게 외워질 것입니다.

3) 쓰면서 외운다

부수를 다 외운 후에는 교육부에서 지정한 1,800자를 공부해야 합니다. 물론 한획 한획 쓰면서 외워야 정확하게 외울 수 있습니다.

한자는 눈으로만 익히면 헷갈리기 쉽습니다. 읽을 수는 있어도 막상 쓰려고 하면 머뭇거려집니다. 그러면 한자를 제대로 익힌 것이라고 할 수 없어요. 눈으로 읽고, 입으로 중얼거리면서 손으로 써야 진짜 자기 것이 될 수 있습니다.

한꺼번에 많은 욕심을 내지 말고, 하루에 석 자에서 다섯 자씩 쓰면서 외우세요. 쓰면서 외우다 보면 '幸福'이 맞는지 '辛福'이 맞는지 헷갈리지 않을 것입니다.

2. 배운 한자를 생활 속에서 익히자

1) 단어를 익힌다

우리말에는 비슷한 말이 많습니다. 그래서 잘못 사용하는 일도 많지요. 예를 들어 교통 사고 가운데 '충돌'과 '추돌'이 있습니다. 어른들도 헷갈리는 단어인데 한자를 보면 금방 이해할 수 있습니다.

충돌(衝突)의 '衝'은 부딪치다는 뜻이고, 추돌(追突)의 '追'는 따르다, 좇다는 뜻입니다. 그러니까 충돌은 움직이는 것이 서로 맞부딪치는 것이고, 추돌은 뒤에서 들이받는 것이지요.

이렇듯 한자어를 제대로 익혀 두면 헷갈릴 일도 없고, 뜻도 금방 통하게 됩니다. 실제로 한자를 많이 아는 학생들은 어휘력도 좋습니다. 모르는 단어도 앞뒤 글을 읽으면서 한자음의 뜻을 유추해 내기 때문입니다. 그리고 비슷한 단어라도 정확하게 뜻을 파악하기 때문에 독해력도 뛰어나답니다.

2) 나만의 국어 사전을 만들 때 한자도 같이 쓴다

한자를 따로 외우려 하면 양이 어마어마하게 많아질 것입니다. 그러니까 평상시에 틈틈이 익히도록 하세요.

가장 쉬운 방법이 국어 단어장을 만들 때 한자를 함께 쓰는 것입니다. 단어장에 직접 쓰다 보면 단어의 뜻도 쉽게 이해되고, 한자도 익힐 수 있어 일석이조가 될 것입니다.

3) 한자 일기를 쓴다

일기를 쓸 때 일주일에 한 번쯤 한자로 써 봅시다. 평소에 우리가 사용하는 단어에는 한자어가 많기 때문에 의외로 많은 단어를 익힐 수 있을 것입니다. 따라서 한자 공부를 위해 시간을 따로 낼 필요는 없겠지요.

예)

2010년 5월 3일

學校에서 運動會를 했다. 나는 靑軍이었다.

競技를 하는 동안 나는 열심히 우리 편을 應援했다.

결국 우리 靑軍이 勝利했다.

疲困했지만, 우리 편이 이겨서 氣分이 아주 좋았다.

3. 덤으로 얻는 것들

1) 외국어에 대한 거부감이 없어진다

한국어, 중국어, 일본어는 다 다릅니다. 그러나 한 가지, 세 나라 모두 한자를 기초로 한 언어입니다. 그래서 글자 모양은 조금씩 다를지 모르지만 기본 의미는 같습니다.

'세(洗)'를 예로 들어 볼까요. 세수(洗手)라는 단어에서 알 수 있듯 洗는 '씻다'는 뜻입니다. 일본어로 씻는다는 '洗い', 중국어도 씻는다는 뜻의 단어로 '洗'를 씁니다.

이와 같이 한자를 공부해 두면 일본어, 중국어와도 쉽게 친해질 수 있습니다. 그리고 단어를 암기하는 것도 쉬워질 것입니다.

2) 너무 쉬워지는 사자성어

사자성어는 겨우 네 글자에 지나지 않지만 그 안에 담긴 뜻은 아주 깊습니다. 시험 문제에도 많이 나오고, 책을 읽다가도 자주 접하게 되며, 이야기를 하다가도 자주 언급하게 되지요.

아무리 넉 자로 된 사자성어라도 무조건 외우면 잊어버리기 쉽습니다. 그러나 한자를 생각하면서 외우면 아주 쉬워요. 그리고 각 사자성어마다 얽힌 이야기가 있으므로, 사자성어를 공부하다 보면 역사 속 이야기도 함께 알 수 있을 것입니다

일등 하는 아이들의 사회 & 공부법

만물박사 따라잡기

영재와 같은 반인 성현이의 취미는 스크랩입니다. 성현이는 매일 스크랩북을 들고 다니면서 아이들에게 자랑을 합니다.

"아빠가 보시기도 전에 이 기사를 오려서 엄청 혼났지. 하지만 나의 이 불타는 열정을 막을 수는 없지."

성현이는 집에 있는 신문과 잡지는 물론, 가끔 엄마랑 은행에 갔다가 잡지를 몰래 찢어오는 바람에 혼난 적이 한두 번이 아니라고 무슨 영웅처럼 말합니다.

스크랩을 보면서 설명하는 폼도 그럴싸해, 친구들은 성현이를 '만물박사'라고 부릅니다. 사회, 경제, 문화, 미술과 음악까지 성현이는 모르는 게 거의 없습니다. 그래서인지 성현이는 아이들 사이에서 인기가 많습니다.

하지만 영재는 아닙니다. 성현이가 늘 싱글벙글 웃는 것도 그렇고, 남은 힘들게 외운 것을 그다지 어렵지 않게 이야기하는 것도 얄미웠습니다.

어느 날, 영재가 등교해 보니 성현이는 여느 때처럼 아이들에게 스크랩한 것을 보여 주며 무슨 이야기인지를 하고 있었습니다. 아이들은 완전히 성현이에게 푹 빠져 큰 소리로 웃기도 했습니다.

영재는 코방귀를 뀌며 책상 위에 책가방을 쿵, 하고 내려놓았습니다.

'쳇, 쓸데없는 신문 조각 가지고…….'

그러면서도 슬쩍 성현이 자리를 쳐다보았습니다.

'저 녀석, 어떻게 아는 게 저리 많지?'

마음 같아서는 자기도 끼고 싶었지만 영재는 자존심 때문에 섣불리 그러지도 못했습니다.

그러던 어느 사회 시간이었습니다. 선생님은 커다란 우리 나라 지도를 칠판에 붙이시고 말했습니다.

"오늘은 국립공원에 대해 알아보자. 우리 나라에 국립공원이 뭐가 있는지 말해 볼 사람?"

영재가 얼른 손을 들었습니다. 어제 예습하면서 읽은 게 생각났기 때문입니다.

"지리산, 한라산, 계룡산, 한려 해상, 설악산, 속리산 국립 공원 등이 있습니다."

"그래, 맞았어. 그러면 앞에 있는 지도에 각 국립공원의 위치를 표시해 볼 사람?"

영재는 선뜻 손을 들지 못했습니다. 위치까지는 제대로 외우지 못했기 때문입니다. 행여 실수라도 하게 되면 먼저 발표한 것이 도루묵이 될 것입니다.

'일단 난 발표했으니까.'

영재는 그렇게 말하고 성현이를 힐끗 보았습니다. 지도를 말똥말똥 쳐다보던 성현이가 손을 들었습니다.

"그래, 성현이가 해 볼래?"

칠판 앞으로 성큼성큼 나간 성현이는 국립공원 위치를 표시하기 시작했습니다.

"지리산 국립공원은 우리 나라 최초의 국립공원이에요. 그리고 계룡산 국립공원. 산 모양이 용이 누워 있는 것 같다고 해서 계룡산이래요. 갑사가 유명한 곳이죠. 가야산 국립공원엔 팔만대장경이 보관된 해인사가 있어요. 설악산 국립공원에는 흔들바위랑 비룡폭포가 유명해요. 특히 울산바위에는 재미있는 전설이 있습니다. 금강산의 봉우리가 되고 싶은 바위들은 다 모이라고 했는데, 울산에서 올라오던 바위가 그냥 설악산에 주저앉아 울산바위가 되었다고 해요. 그리고 한라산 국립공원. 이 곳은 2003년에 유네스코에서 생물권 보전 지역으로 지정한 곳이에요."

성현이는 각 국립공원의 위치뿐만 아니라 특징도 함께 이야기했습니다. 아이들은 모두 성현이 이야기에 푹 빠져 입을 헤~, 벌리고 듣고 있었습니다. 영재는 성현이뿐만 아니라 그런 아이들까지 마음에 안 들었

습니다.

성현이가 이야기를 마치자 선생님은 고개를 끄덕였습니다.

"성현이는 예습을 아주 잘했구나. 그래, 어떻게 이 많은 걸 다 외웠지?"

선생님이 물었습니다. 그러자 성현이는 자리로 돌아와 신문 스크랩한 것을 펼쳤습니다.

"지난 달부터 신문에 '가족 여행 하기 좋은 곳' 이라는 제목으로 국립 공원 기사가 연재되고 있어요. 이렇게 사진 자료와 그림이 함께 있어서 재미있게 읽었습니다. 그걸 기억해서 아이들에게 말한 거예요."

"어디, 어디?"

아이들은 성현이 자리로 모여들었습니다. 그리고 성현이가 스크랩한 것을 돌려보았습니다.

영재도 아이들에게 휩쓸리는 척하면서 가까이 다가가 보았습니다. 그저 평범한 신문 조각이었습니다. 각 산의 사진과 짧은 이야기 한 토막, 그리고 가는 길 정도가 실린 기사였습니다. 게다가 며칠 전 영재도 신문에서 본 기사였습니다.

기사도 기사이거니와 성현이가 자랑하는 스크랩이라는 것도 별것 아니었습니다. 신문 기사를 오려서 붙여 놓고 그 옆에 몇 글자 끄적여 놓은 게 다였습니다.

'뭐야, 별것도 아니잖아! 나도 할 수 있겠다.'

영재는 집으로 돌아오자마자 엄마가 정리해 놓은 신문 묶음을 들고 방으로 들어갔습니다.

그 모습을 보고 엄마가 따라 들어왔습니다.

"영재야, 그건 뭐하려고? 내일 분리 수거하는 날이라서 힘들게 정리해 놓은 거야."

"엄마, 이거 중요한 거야. 공부하는 거라구, 공부."

엄마는 공부라는 말에 더 이상 말을 못하고 방에서 나갔습니다.

영재는 가위를 들고 신문을 펼쳤습니다.

"어디, 시작해 볼까?"

영재는 신문을 한장 한장 넘겼습니다. 처음에는 무엇을 오려야 하는지 잘 몰랐습니다. 그래서 괜히 신문지만 넘기기를 한 시간쯤 했을까요? 투표에 대한 기사를 보았습니다.

"아항, 국민 투표는 이렇게 하는구나. 신분을 확인한 후, 투표 용지를 받고, 번호를 찍어서……."

설명대로 그림을 따라가 보니 눈 앞에 투표장이 펼쳐졌습니다. 엄마 아빠가 갈 때마다 따라갔지만 들어가지 못하게 해서 궁금해하던 참이었습니다.

또 옛날 우리 조상들이 사용했던 생활 용품을 전시한다는 기사도 보았습니다.

"음, 이건 학교에서 책으로만 배운 건데……. 직접 가서 보면 도움이 되겠다."

영재는 전시회 기사도 오렸습니다.

그뿐만이 아니었습니다. 세계 역사와 뉴스, 우주선에 대한 기사, 건강에 대한 기사, 바른 우리말 찾기 등등 여러 분야의 기사가 잔뜩 실려 있었습니다.

하나 둘 기사를 오리다 보니 어느 새 신문지가 차곡차곡 쌓였습니다. 영재는 마치 그만큼의 지식을 얻은 것 같았습니다.

"헹, 박성현. 두고 봐라. 너만 박사냐? 나도 박사의 길이 멀지 않았다 이거야~!"

1. 단원 전체를 보자

1) 나무를 보지 않고 숲을 본다

수업을 하다 보면 인물이라든지 사건에 대해 이해를 잘하면서도 서로 연결을 못해 힘들어하는 학생이 있습니다. 거란족의 침입에 대해서는 잘 알면서 시대가 고려인지 고구려인지, 또 그 때 활약했던 장군이 누구인지 헷갈려합니다.

역사뿐만이 아닙니다. 정치나 경제에 대한 부분도 막상 문제를 풀어 보면 헤매는 학생이 있습니다. 전체적인 숲을 보지 않고 나무만 보았기 때문입니다.

사회는 전반적인 흐름을 파악하지 못하고 자잘한 것만 외워서는 좋은 성적을 기대할 수 없는 과목입니다. 교과서를 읽을 때는 단원 제목을 늘 생각하면서 읽으세요. 그러면 전체 흐름 잡기가 쉬울 것입니다.

2) 교과서와 문제집을 같이 이용한다

사회 교과서를 읽다 보면 무슨 내용인지, 뭐가 중요한지 잘 모를 때가 있을 것입니다. 요점을 간추리기 위해 교과서에 줄을 치다 보면 어느새 모두 밑줄을 긋고 말지요.

요점을 간추리기 위해서는 수업 시간에 열중해야 합니다. 선생님이 밑줄을 치라고 하거나 중요하다는 부분은 잘 표시해 두세요.

교과서를 읽는 것과 함께 문제를 풀어 보는 것도 중요합니다. 문제를 풀다가 모르는 게 있으면 교과서를 찾아보며 공부하도록 하세요. 그러면 내용도 쉽게 파악할 수 있고, 무엇이 중요한 것인지 놓치지 않고 공부할 수 있습니다.

3) 지도와 도표를 볼 줄 안다

지도를 아주 잘 그리는 학생이 있습니다. 처음에 몇 번 따라 그리다 보니 이제는 우리 나라 지도만 그려 놓아도 강과 산, 댐의 위치는 물론 공업 지역 위치나 각 지방 특산물까지 훤하게 보인다고 합니다. 물론 사회는 도사라고 불릴 정도로 아주 잘합니다.

사회 과목에는 지도와 도표들이 많이 나옵니다. 우리 나라 주요 공업 지역은 어디인지, 고려 시대에 중국에는 어느 나라가 있었는지 등 글보다는 그림과 도표로 표현된 부분이 많습니다.

게다가 시험에 자주 출제되는 부분이라 잘 익혀두어야 하죠. 그러기 위해서는 그냥 눈으로 익히는 것보다는 직접 그려 보는 것이 좋습니다.

2. 외우기보다는 이해를 하자

1) 암기보다는 이해를 한다

흔히 사회 과목을 '암기' 과목이라고 합니다. 하지만 암기 과목이라고 해서 무조건 암기해서 되는 것은 아닙니다. 내용을 이해하는 것이 우선이지요.

예를 들어 볼까요. 북부 지방의 집은 창문이 적고, 남부 지방의 집은 창문이 많습니다. 이 내용을 무작정 머리 속에 집어넣으면 문제를 풀 때 헷갈릴 수 있습니다. 하지만 잠시만 생각해 보세요. 북부 지방은 남부 지방보다 겨울에 더 춥습니다. 그러니 보온을 위해 집 안의 온기가 나가지 않도록 창문의 수가 적을 수밖에 없는 것이죠. 특히 역사는 무조건 외우기보다는 원인과 결과, 그리고 의의를 파악하다 보면 그다지 애쓰지 않아도 저절로 외워질 것입니다.

2) 눈과 입과 손으로 외운다

아무리 이해를 한다고 해도 사회는 외워야 할 것이 다른 과목보다 많은 것이 분명합니다. 하지만 책에 밑줄을 치면서 눈으로만 외우는 것은 그다지 좋은 방법이 아닙니다.

눈으로 보고 입으로 소리내며 손으로 쓰는 세 가지를 동시에 이용하면 빠른 시간 내에 확실하게 암기할 수 있습니다. 왜냐하면 보고 읽고 듣고 쓰는 것을 한꺼번에 하면 대뇌의 신경 세포를 자극하게 되면서 암기력을 도와 주기 때문입니다.

조금은 어색하고 번잡하지 않을까 생각될 수도 있지만, 의외로 잡념을 떨치고 외우는데 집중을 할 수 있답니다.

3) 실생활과 연결지어 이해한다

어느 선생님이 뉴스 내용을 간추려 오라는 숙제를 냈습니다. 마침 추석 전이라 뉴스에서는 시장 풍경과 함께 각 지방 특산물에 대해 방송을 했습니다.

그리고 갑자기 많은 사람들이 물건을 사게 되니까 채소 값이며 제수 값이 오른다는 내용도 함께 보도했습니다. 아이들은 뉴스를 보면서 저절로 사과와 배, 밤과 굴비가 어느 지방의 특산품인지 자연스레 알게 되었고, 수요와 공급에 따라 물가가 오르고 내리는 것도 쉽게 이해할 수 있었다고 합니다.

사회와 역사는 우리 생활과 아주 밀접한 관계가 있습니다. 교과서에서 배운 것을 그저 시험을 위한 것이라고 생각하지 마세요. 실생활과 연결해 보면 사회는 훨씬 재미있는 과목이 될 것입니다.

3. 신문이나 텔레비전 등을 활용하자

1) 신문에서 얻는다

어린이 신문뿐만 아니라 일간지에도 청소년을 위한 코너가 따로 있습니다. 용어 설명도 자세히 되어 있고 정리도 잘 되어 있어 초등학생도 쉽게 이해할 수 있습니다.

이제 신문을 읽어 보세요. 신문을 이용하여 문화, 경제, 정치 등 관심 분야별로 스크랩해 두면 꽤 많은 정보를 얻을 수 있을 것입니다.

2) 책과 잡지에서 얻는다

요즘에는 역사 만화책이 많이 출판되고 있습니다. 내용이 빈약할 수도 있지만, 무겁지 않고 재미있게 읽을 수 있는 장점이 있어서 자칫 어렵게만 느낄 수 있는 역사와 쉽게 친해질 수 있습니다.

또한 사회나 경제에 관한 책도 미리미리 읽어 두면 도움이 많이 될 것입니다.

3) 텔레비전에서 얻는다

역사 드라마나 기획 특집극 같은 프로그램을 보는 것도 도움이 됩니다. 화면으로 생생하게 펼쳐지기 때문에 흥미도 있고 현실감도 느낄 수 있습니다. 자연히 기억에도 오래 남아 공부하는 데 도움이 된답니다.

4. 나만의 요점 정리 방법을 개발하자

1) 요점 정리를 한다

공부를 한 후 스스로 내용을 정리해 보세요. 책처럼 자세하고 장황하게 할 필요는 없습니다. 간단히 자신만이 알아볼 수 있도록 몇몇 단어로 정리해도 괜찮습니다. 특히 시험 전에 정리를 하다 보면 자신이 이해 못하는 부분이 어디인지 쉽게 알 수 있을 것입니다.

단, 참고서를 그냥 베끼는 일만은 절대 금물입니다.

2) 이야기를 할 줄 안다

고등학교에서 사회를 가르치는 선생님에게 들은 이야기입니다. 그 선생님은 학생 때 학교에서 한 단원이 끝나면, 배운 내용을 동생에게 이야기해 주었다고 해요.

"있잖아, 옛날에 양반들은 책만 읽고 기술을 천하게 여겼대. 그런데 기술이라는 게 살면서 꽤 중요한 거잖아. 농사짓고 농기구 만들고, 그런 거 말이야. 그래서 몇몇 학자들이 실제 생활에 이용되고 백성들에게 도움이 되는 학문을 연구했는데, 그게 바로 실학 운동이래……."

아무것도 모르는 동생에게 이야기하다 보면, 동생이 질문도 하고 또 그 질문에 대답을 하다 보면 따로 사회 공부를 하지 않아도 되었다고 해요.

여러분도 해 보세요. 참고서를 외우는 것보다 훨씬 더 잘 이해할 수 있을 것입니다.

영구와 아인슈타인

눈썹이 보이지 않을 정도로 이마를 뒤덮은 바가지머리, 게슴츠레 뜬 눈 그리고 벌렁거리는 콧구멍.

오늘도 현섭이는 그런 모습으로 어슬렁어슬렁 교실에 들어왔습니다. 현섭이는 느릿느릿 자리에 앉아 여느 때처럼 멍하니 턱을 괴고 생각에 잠겼습니다.

"이야~, 우리 학교 아인슈타인이 또 생각에 잠겨 있네. 무슨 생각해?"

짝인 희주가 자리에 앉으면서 현섭이를 툭 쳤습니다.

"으응, 학교 오는데 배에서 꼬르륵 소리가 나더라구. 왜 나지?"

"배고프니까 그렇지. 아침 안 먹었구나?"

희주가 아무렇지 않게 대답하자 현섭이는 멍한 눈으로 희주를 바라보며 말했습니다.

"그러니까 배가 고플 때 왜 꼬르륵거리냐구. 뱃속에 내가 모르는 뭐가 있는 건가? 그리고 왜 꼬르륵거린다고 할까? 꾸룩꾸룩도 아니고, 꼬르륵……. 왜 그럴까?"

희주는 어이가 없어 현섭이를 물끄러미 바라보았습니다.

"너, 바보니, 천재니? 영구야, 아인슈타인이야?"

현섭이는 늘 이런 식입니다. 뭐가 그렇게 궁금한 것도 많고, 뭐가 그렇게 호기심도 많은지 늘 골똘히 생각하고 고민합니다.

고민하는 것도 유치원생이 웃을 만한 일입니다. 물고기는 어떻게 물속에서 숨을 쉬는지, 달걀은 왜 동그란지, 왜 해는 낮에 뜨고 달은 밤에 뜨는지…….

현섭이는 호기심에서만 끝나는 게 아닙니다. 한번은 무선 전화기와 핸드폰이 어떻게 다른지 분해해 봤다가 엄마한테 엄청 혼난 적도 있습니다.

그런데도 현섭이가 아인슈타인이라는 별명을 얻은 이유는 과학 경시대회에 나가면 아무리 못해도 장려상은 받아오기 때문입니다.

느릿느릿, 나무늘보처럼 두 팔을 축 늘어뜨리고 다니지만, 사람은 겉모습만 보고는 알 수 없다는 말이 딱 맞습니다.

"현섭아, 넌 어떨 때 보면 하는 짓이 꼭 바보 같은데, 어쩜 과학은 그리 잘하는 거야? 비결이 뭐냐? 좀 가르쳐 줘라."

희주가 조르자 현섭이는 반쯤 감긴 눈으로 말했습니다.

"글쎄? 그냥 열심히 하는 거지 뭐."

"그러니까 어떻게 열심히 하냐구."

　답답한 희주가 현섭이 팔을 붙들고 흔들어도 현섭이는 여전히 같은 표
정으로 말했습니다.

　"그냥, 그냥 열심히 하는 거야."

　희주는 현섭이 말에 샐룩거렸습니다.

　희주는 지난 번 과학 캠프에 다녀온 뒤 지긋지긋했던 과학이 재미있어

졌습니다. 그래서 좀 더 욕심을 내어 훌륭한 화학자가 되는 꿈을 키우고 있는 참이었습니다.

더군다나 평범한 일본 회사원이 노벨 화학상을 받는 것을 보고 희주의 꿈은 더욱 확실해졌습니다. 그래서 어떻게 하면 과학을 잘할 수 있는지 아인슈타인 현섭이에게 물어본 것입니다.

그런데 예상했던 대로 현섭이의 대답은 뜨뜻미지근했습니다.

'히궁, 묻는 내가 바보지. 그렇다면…….'

희주는 일단 과학 수업을 받는 현섭이를 지켜보기로 했습니다.

오늘 과학 수업은 실험실에서 하기로 했습니다. 희주는 실험실 안의 여러 실험 기구들을 새삼스럽게 쳐다보았습니다.

'히야~, 미래에 노벨상을 받을 내가 몸담을 실험실이다.'

희주는 히죽 웃고는, 다른 아이들처럼 선생님 설명에 귀기울였습니다.

"자, 이번 시간에 할 실험은 액체에 녹는 물질의 양에 관한 거예요. 먼저 시험관에 물을 $\frac{1}{3}$ 정도 채우도록. 그리고 오늘은 알코올 램프를 사용하니까 특히 주의하자."

선생님 말이 떨어지자마자 아이들은 시험관에 물을 담았습니다. 선생님은 아이들 사이를 돌아다니면서 시험관에 약숟가락으로 붕산을 넣었습니다.

"자, 이제 시험관을 살살 흔들면서 녹이도록. 선생님이 붕산을 시험관 바닥에 남을 때까지 나눠 줄 거다."

아이들은 선생님 설명에 따라 시험관을 흔들었습니다. 다른 아이들과 함께 실험을 하던 희주는 문득 현섭이를 보았습니다. 조금 전까지의 게슴츠레한 눈빛은 어디 가고 현섭이는 또랑또랑한 눈빛으로 진지하게 시험관을 쳐다보고 있었습니다.

"자, 이번에는 시험관을 가열할 거예요. 물에 녹지 않은 붕산 가루가 어떻게 변하는지 잘 관찰하세요."

선생님 말대로 조심스럽게 시험관을 알코올 램프에 대자 시험관 밑에 가라앉아 있던 붕산이 녹았습니다.

"우와, 신기하다. 녹아."

"내 것도 다 녹았어."

아이들은 웅성웅성 떠들면서 각자의 시험관을 서로 비교해 보았습니다. 희주도 조금 전까지 가라앉아 있던 붕산 가루가 하나도 남김없이 없어진 것을 신기한 듯이 바라보았습니다.

선생님이 실험에 대해 정리를 해 주었습니다.

"지금 실험한 것처럼 온도가 높을수록 붕산이 잘 녹고, 다시 식히면 붕산 가루가 남는단다. 이처럼 일정한 양의 물에 녹는 물질의 양을 용해도라고 해."

선생님 설명에 아이들은 고개를 끄덕였습니다. 그 때, 현섭이가 손을 들었습니다.

"선생님, 시험관 물을 식히면 붕산이 다시 가라앉는 건 왜 그런 거죠? 새로 생기는 건가요?"

"아니. 온도마다 녹을 수 있는 양이 달라서 네가 넣은 붕산이 다시 가루가 되어 가라앉는 거야."

"선생님, 그러면 용해도는 각 물질마다 다 똑같아요?"

현섭이 질문은 계속되었습니다. 선생님은 그런 현섭이를 흐뭇한 표정으로 바라보며 대답해 주었습니다.

"아니, 다르단다."

"흠……."

현섭이는 무슨 생각을 하는지 시험관을 뚫어지게 바라보았습니다.

"어휴, 저 엉뚱한 녀석. 참고서 찾아보면 될 텐데, 뭘 물어 볼 게 저리 많은 거야."

"그러게, 다음이 급식 시간인데. 실험 대강 끝내고 빨리 밥 타러 가야 하는데."

아이들이 투덜댔습니다. 하지만 현섭이 질문은 계속 이어졌습니다.

"선생님, 모든 물질이 물의 온도가 올라가면 더 잘 녹나요?"

현섭이 질문에 희주는 속으로 중얼거렸습니다.

'어휴, 저 영구. 당연한 걸 묻네. 지금 실험도 그렇고 설탕도 찬물보다 뜨거운 물에서 더 잘 녹잖아.'

그런데 선생님 대답은 뜻밖이었습니다.

"좋은 질문이야. 음, 수산화칼슘이라는 하얀 가루가 있어. 이 가루는 물의 온도가 높아지면 오히려 녹는 양이 줄어든단다. 그러니까 모든 물질이 온도가 높다고 해서 다 잘 녹는 것은 아니야."

희주는 뒤통수를 얻어맞은 것 같았습니다.

그 때 수업 끝나는 종이 울렸습니다. 아이들은 서둘러 실험실에서 빠져 나갔습니다. 현섭이는 뭐가 아쉬운지, 아니면 더 궁금한 것이 남았는지 시험관을 가만히 쳐다보았습니다. 희주는 그런 현섭이에게 다가가 말했습니다.

"현섭아, 감동이다. 나는 당연하다고 생각했는데, 어떻게 그런 질문을 할 생각을 다 했냐?"

"뭘……. 궁금하잖아. 따뜻한 물에 모든 물질이 다 녹는다면 그게 신기한 거지."

현섭이는 그렇게 대답하면서도 계속 붕산 가루가 가라앉은 시험관에서 눈을 떼지 못했습니다.

1. 용어와 법칙을 정확하게 이해하자

1) 용어와 법칙을 정확하게 이해한다

과학은 탐구 능력이 중요한 과목입니다. 어떤 현상에 대해 '왜'라는 의문을 가지고 풀어 가는 과목이지요.

그러기 위해서는 우선 교과서의 용어들을 제대로 이해해야 합니다. 그냥 외우기만 하면 문제 푸는데 응용할 수 없어 좋은 성적을 올릴 수 없어요.

2) 교과서에 나오는 그림, 표, 그래프를 주의깊게 본다

과학 교과서에는 그래프와 그림, 도표가 많이 나옵니다. 중요한 내용을 설명하기 위한 보조 자료이므로, 문제로도 많이 출제되죠.

그래프, 도표, 그림을 보고 의미를 파악하는 훈련을 하세요. 특히 실험 장치나 실험 결과에 대한 그림은 반드시 시험에 출제될 것입니다.

3) 예습보다는 복습을 한다

모든 과목은 예습과 복습이 중요합니다.

하지만 과학의 경우는 조금 달라요. 왜냐하면 예습을 하게 되면 실험 결과를 미리 알게 되어 수업에 열중할 수 없기 때문입니다. 또 실험 결과를 정확하고 객관적으로 볼 수 없게 되지요.

대신 수업 시간에 충분히 이해 못했던 부분이나 새로운 용어 등은 반드시 복습을 통해 익혀 두어야 합니다.

그리고 단원이 끝나면 반드시 문제집을 풀어 보세요. 그러면 공부한 내용을 얼마나 이해하고 있는지 알 수 있으며, 어느 부분이 부족한지도 알 수 있습니다.

2. 실험 시간을 적극 활용하자

1) 실험 시간에 모든 것을 이해한다

과학에는 실험이 많이 나옵니다. 그리고 그 과정과 결과가 시험에 자주 나오지요.

실험 시간에 조금만 집중한다면 많은 공부를 한꺼번에 할 수 있습니다. 시험에 잘 나오는 실험 기구의 이름은 물론, 실험의 목적을 확실히 알게 됩니다. 또 실험 결과가 확실하게 머리에 남게 되지요.

그래서인지 실험 시간에 집중을 잘하는 학생들은 대부분 과학 성적이 좋습니다. 실험 시간을 그저 노는 시간으로 생각하지 마세요. 재미있게 실험하면서 공부할 수 있는 시간이랍니다.

자석과 전자석 주위에 철가루를 뿌려 자기장의 모양을 알아보는 작은 실험이라도 직접 해 보고 손수 전동기를 만들어 보고 찬물과 더운물에 직접 잉크를 떨어뜨려 어느 물에서 더 잘 퍼지는지 관찰해 보세요.

책에 밑줄 그어가며 외우는 것보다 학습 능률을 더 높일 수 있습니다.

2) 일상 생활과 과학을 연관시킨다

과학은 일상 생활에서 일어나는 사건이나 현상들과 깊은 연관이 있습니다.

어차피 과학이라는 것 자체가 우리 생활에서 일어나는 현상들을 관찰하고 탐구해 이론으로 만든 것이니까요.

원심력을 예로 들어 볼까요. 원심력은 원의 중심에서 멀어지려는 방향으로 작용하는 힘을 말합니다. 그래서 버스를 타고 가다가 커브를 돌 때면 원 바깥쪽으로 모두 쏠리게 되고, 넘어지게 되죠.

　새로운 원리와 법칙을 배울 때마다 주변에서 예를 찾아보세요. 그러면 이해도 잘 되고 기억도 잘 될 것입니다.

3. 생활 속의 과학을 활용하자

1) 박람회나 전시회를 잘 이용한다

　취미 생활에 대해 이야기하는데, 한 학생이 입장권을 모으는 게 취미라면서 그 동안 모은 입장권을 보여 주었습니다. 놀이 동산 입장권은 물론이고 미술관, 음악회, 전시회 등 여러 가지였습니다. 그리고 보니 아이들 속에서 만물 박사로

통하는 이유를 알겠더군요.

과학은 원리와 법칙을 발견하는 과목입니다. 탐구적이고 논리적인 공부라서 딱딱할 수 있습니다. 하지만 박람회나 전시회를 한번 다녀오면 그 느낌이 달라질 것입니다.

호기심이 많아지고 무엇보다 자신이 알고 있는 것을 친구들에게 쉽고 재미있게 설명해 줄 수 있으니까 자신감도 갖게 됩니다.

2) 주위 환경을 잘 이용한다

과학 성적이 뛰어난 학생들을 보면 대부분 책 이외에서 많은 지식을 얻는다는 공통점이 있습니다. 직접 식물을 기르고, 곤충을 잡으러 다니면서 관찰해서 얻은 것은 기억에서 지워지지도 않습니다.

식물과 곤충뿐인가요. 신문의 일기 예보를 보고 기압에 관한 공부를 하고, 설탕물을 타다가 용해도에 대한 공부를 할 수도 있습니다.

지금이라도 길을 가다가 개미의 움직임을 살펴보고, 길가에 핀 꽃을 보세요. 과학 공부가 재미있어질 것입니다. 그렇다고 교과서를 멀리하지는 마세요. 과학 역시 기초를 배울 수 있는 것은 바로 교과서입니다.

3) 백과 사전을 이용한다

과학부에서 부장을 맡고 있는 학생은 부장답게 과학 성적이 좋습니다. 실험이야 워낙 과학부에서 많이 한다고 하지만, 교과서 내용뿐만 아니라 그 외의 것도 보충 설명까지 할 정도입니다.

그 학생의 공부 요령은 백과 사전이었습니다. 수업이나 실험을 하고 나면 집에 있는 과학 도감이나 도서관에 가서 백과 사전을 찾아본다고 해요.

예를 들어 인체에 대해 배웠을 때, 백과 사전이나 도감을 보면 각 기관의 기능에 대해 더욱 쉽게 이해할 수 있다고 합니다.

사진이 다양하고 설명도 쉬워 어떨 때는 교과서나 참고서보다 쉽고 기억에도 오래 남는데다가 교과서보다 더 많은 것을 알 수 있게 되어 좋다고 합니다.

4. 호기심과 의문을 갖자

1) 의문을 갖는다

수업 시간에 '왜요?'라는 질문을 곧잘 하는 학생이 있습니다. 그다지 중요한 내용도 아니고, 뻔한 것도 질문을 합니다.

정말 의문이야.
난 왜 과학 공부를
못할까…?

그건 니가
공부를 안 하기
때문이지.

처음에는 장난이 아닐까, 모르는 게 왜 그리 많을까 생각했지만 실험 시간이나 시험을 보고 나면 단연 돋보입니다.

과학은 의문을 갖는 것이 중요합니다. 스스로 추측하고 관찰하고 실험해야 합니다. 그저 교과서나 참고서에 있는 것을 그대로 외워서는 공부가 되지 않습니다.

2) 호기심이 많다

과학을 재미있어 하는 학생들을 보면 우리 주위의 사물이나 자연 현상에 관심이 많습니다.

식물이 자라서 꽃이 피는 과정, 구름의 움직임, 애완 동물 기르기 등등.

호기심을 가지고 주위를 살펴보세요. 그러면 그 변화에 흥미를 가지게 될 것이고, 과학 학습과도 자연히 연결될 것입니다.

부록

일등하는 아이들의 시험 잘 치는 방법

1. 시험 보기 전

1) 계획 짜기

ㄱ) 시험은 나만의 발표회

시험 날짜가 발표되면 두근두근 떨리는 가슴!

어떻게 공부해야 할지 막막하기도 하고 답답하기만 하죠. 시험이 부담스러운 것은 아마 시험 자체보다는 시험 성적 때문에 그럴 거예요.

'점수가 안 나오면 어쩌지?' '지난 번보다 잘 볼 수 있을까?'

하지만 해 보지도 않고 걱정부터 하면 제대로 공부를 할 수 없을 것입니다.

조금은 시험을 즐겨 보는 것이 어떨까요? 시험은 자신의 실력을 발휘할 수 있는 좋은 기회입니다. 마치 발표회 날짜를 받아놓은 듯이 하루하루 착실하게 공부하면서 '그 날'을 기다려 보세요.

준비를 잘해 두면 결과도 좋을 것입니다.

ㄴ) 착각하기 쉬운 것

시험 날짜가 발표되어도 공부할 생각을 안 하는 학생이 있었습니다.

이유는 간단합니다.

기억한 것은 시간이 지나면 잊어버린다, 그렇기 때문에 시험 전날 공부해야 머리에 오래 남는다. 다시 말해 벼락치기를 하는 학생이었습니다.

어찌 보면 솔깃할 수도 있지만, 시험 공부는 하루에 끝마칠 만큼 만만하지 않습니다. 게다가 그 많은 양을 하룻밤에 다 외울 수도 없습니다.

오히려 뒤죽박죽되고 말지요. 벼락치기를 하느라 밤을 새우기보다는, 반복

학습을 통해 진짜 자기 것으로 만들어야 좋은 성적을 기대할 수 있습니다. 문제를 풀면서 헷갈리지도 않구요.

또한 초등학교에서는 벼락치기가 가능할지 모르지만, 중·고등학교에 가서 벼락치기를 했다가는 진짜 큰 '벼락'을 맞을 수도 있습니다.

ㄷ) 계획표 짜기

시험 날짜가 발표되면 우선 공부할 수 있는 시간이 얼마인지 계산해 보세요. 학교 가고 학원 가는 시간을 제외한, 순수하게 공부할 수 있는 시간 말입니다. 그리고 계획을 짤 때는 과목에 따라 시간 분배를 다르게 해야겠지요. 자신 없는 과목일수록 많은 시간을 투자해야 합니다.

만일 수학이 어려우면 수학에 더 많은 날짜를 할애하고, 국어에 자신이 있으면 국어보다는 다른 과목에 더 신경을 써야 할 것입니다.

2) 시험 공부하는 순서

ㄱ) 시험 공부의 기본은 교과서와 공책

시험 공부의 첫걸음은 교과서를 이해하는 것입니다.

무작정 참고서를 파고들거나, 문제집을 많이 푼다고 해서 좋은 성적을 올릴 수는 없습니다. 문제를 많이 풀어도 기본을 모르면 틀리기는 마찬가지입니다. 시험 공부를 할 때는 맨 먼저 교과서로 중요한 개념을 정리하세요. 그러고 나서 노트 필기 중 교과서에 없는 것, 선생님이 중요하다고 말한 것 등을 주의깊게 살펴보면서 세세한 내용을 공부하는 것이 효과적입니다.

ㄴ) 문제를 통해 다시 한 번 확인한다

어느 정도 정리가 되고 암기했으면 문제집을 풀어 보세요.

틀린 문제는 확실하게 짚고 넘어가면서 자신이 약한 부분은 체크하여 보충합니다. 문제집을 90점 맞았다고 해서 공부를 다 했다고 생각하면 안 됩니다.

나머지 10점을 보충해서 공부해야 해요. 그래야 시험에서 좋은 성적을 올릴 수 있습니다. 친구들과 함께 모여서 공부하는 것도 좋은 방법이에요. 함께 공부하면서 예상 문제를 만들어 풀어 보면 자신이 미처 공부하지 못한 부분을 체크할 수도 있습니다.

ㄷ) 정리 노트를 만든다

공부하면서 따로 수첩이나 공책에 정리를 해 두세요.

잘 안 외워지는 것, 문제집을 풀면서 틀린 문제와 예상 문제 등을 말입니다.

그러면 시험 보기 바로 전에 다시 훑어볼 수 있어서 도움이 될 것입니다.

3) 시험 보기 전날

ㄱ) 새로운 내용보다는 공부한 내용을 정리한다

시험 시간이 가까워지면 모르는 것이 자꾸 눈에 뜁니다. 그러면 몇 자라도
더 외우려고 이리저리 뒤적이게 되지요.

하지만 대부분 시험 직전에 새로운 내용을 공부하는 것은 성적에 별로 도
움이 되지 않습니다. 오히려 지금까지 공부했던 내용과 한데 섞여 헷갈릴
수 있어요.

시험 전날에는 새로운 것을 외우려고 하기보다는 지금까지 공부한 내용을
다시 확실하게 확인하는 것이 좋습니다.

189

ㄴ) 철저하게 준비한다

시험 보기 전날, 책가방을 미리 챙겨두는 것도 잊지 마세요. 아침에 허둥대다 보면 빠뜨리는 것이 있을 수 있어요.

평소에는 친구에게 빌려 쓰면 되지만, 시험 보는 날은 다릅니다.

지우개 하나, 연필 한 자루라도 손에 익은 것이 아니면 긴장감이 더욱 커질 수 있어요. 불안해할 수도 있구요. 일단 마음이 안정되지 못하면 자기 실력을 제대로 발휘할 수가 없습니다.

2. 시험 보는 날

1) 일찍 자고 일찍 일어나자

ㄱ) 푹 자고 일찍 일어나자

평소에 지각을 안 하던 학생도 꼭 시험 때만 되면 숨이 턱에 차 학교에 옵니다. 이유는 전날 밤 늦게까지 공부를 하는 바람에 늦잠을 잤기 때문이지요. 그러다 보니 아침도 못 먹고 허둥지둥 학교에 와서 시험을 봅니다. 하지만 늦게까지 공부한 학생 치고 성적이 좋은 학생은 별로 없습니다. 잠도 부족한데다 늦잠으로 머리가 채 깨어나지 않은 상태에서 시험을 보기 때문이지요. 제 실력을 발휘하지도 못하고 그저 멍하니 시험지만 보다가 끝나 버리고 말아요. 다른 때는 몰라도 시험 전날은 반드시 일찍 잠자리에 들어 충분히 푹 자도록 하세요.

일찍 자고 일찍 일어나야 시험 당일 컨디션도 좋아 문제를 잘 풀 수 있습니다.

ㄴ) 시험 보는 날도 평소와 똑같이!

언젠가 시험 보는 날, 한 학생이 배를 움켜쥐고 아프다면서 울었습니다.

교실에서는 도저히 시험을 볼 수 없어서 결국 양호실에서 시험을 본 적이 있습니다.

너무 긴장한 탓도 있겠지만, 더 큰 이유는 아침밥 때문인 것 같았습니다. 평소에 아침을 잘 안 먹고 다닌 학생이었는데, 시험 보는 날이니까 든든하게 먹어야 한다며 밥을 먹고 온 것이 화근이었지요.

시험 보는 날에도 평상시처럼 행동하세요.

아침밥도 늘 먹던 것을 먹는 것이 좋습니다. 빵을 먹고 다니다가 갑자기 밥을 먹으면 탈이 날 수 있어요. 워낙 긴장을 하기 때문에 조금이라도 평상시와 다르면 컨디션이 갑자기 무너질 수 있습니다.

그리고 시험 보는 날 아침에 마구 떠들면 번잡스러워서 공부한 게 다 날아간다고 하는데 그것은 잘못된 생각이에요. 오히려 가볍게 이야기하고 농담을 하면 머리도 맑아지고 회전도 빨라집니다. 게다가 긴장도 조금 풀어져서 여유 있게 시험을 볼 수 있습니다.

191

2) 정성을 다해 풀자

ㄱ) 여유를 갖는다

시험지를 나눠 주고 나면 아이들의 반응은 가지각색입니다.

그 가운데 '휴~!' 하고 깊은 한숨부터 쉬는 학생. 이런 학생은 시험이 끝 날 때까지 계속 찡그리고 허둥대며 시험을 봅니다. '씨익~.' 웃으며 문제 를 푸는 학생. 이런 학생은 끝까지 여유를 가지고 문제를 풀지요.

아무리 공부를 많이 했어도 한숨부터 쉬고 시작하면, 자신도 모르게 기가 죽어 문제를 제대로 풀 수 없습니다. 아는 문제도 어렵게만 느껴져요. 시 험을 치를 때는 무엇보다 마음가짐이 중요합니다.

시험지에 미리 기죽지 마세요. '난 잘할 수 있어.' '자신 있어.' 하고 스스 로에게 최면을 걸면서 마음을 가다듬어 보세요. 그러면 시험에 대한 부담 감이 조금은 줄어들 것입니다.

ㄴ) 쉬운 문제부터 푼다

시험지를 걷을 때 시간이 모자란다는 학생이 꼭 있습니다.

대부분 한두 문제 때문에 다른 문제를 미처 풀지 못하고 쩔쩔매요.

시험을 잘 보기 위해서는 시간 분배를 어떻게 하느냐도 중요합니다. 쉬운 문제를 먼저 풀어야 어려운 문제를 충분히 생각하며 풀 수 있어요. 시험 문제는 난이도가 다양합니다.

그러다 보니 공부를 해도 어려운 문제가 있기 마련이에요. 문제를 풀다가 어려운 문제와 마주치게 되면, 괜히 붙들고 애쓰지 말고 다음 문제로 넘어 가는 것이 현명합니다. 문제를 붙잡고 끙끙대다 보면 아는 문제를 풀 시간 이 부족해지기 때문이에요.

또한 알쏭달쏭한 문제는 따로 표시를 했다가 나중에 다시 확인하도록 하세요. 이건가 저건가 헤매다 보면 시간만 낭비할 수 있습니다.

ㄷ) 문제는 꼼꼼히 읽는다

시험 점수에 대해 이야기하다 보면, '아는 문제인데 문제를 잘못 읽어서 틀렸다'는 학생이 많습니다. 몰라서 틀린 경우보다 더 당당하게 말하죠.

그리고 시험 문제를 꼼꼼히 읽지 않은 자신보다, 말장난으로 문제를 헷갈리게 했다고 선생님을 탓하기도 하고요. 시험은 문제를 얼마나 맞추느냐보다는 얼마나 덜 틀리느냐가 더욱 중요합니다. 그래서 출제자는 문제를 꼬고, 함정을 파는 것이죠. 그런 함정에 덜컥 걸려들면 아무리 열심히 공부해도 좋은 성적을 올릴 수 없습니다.

시험 문제는 서두르거나 덤벙대지 말고 꼼꼼하게 읽으세요. 긴장해서, 또는 쉬운 문제 같아서 설렁설렁 넘어가면 아는 문제도 놓치고 맙니다. 더 이상 '거리가 먼 것을 골라라.'라든가, '아닌 것을 골라라.'라는 별것도 아닌 문장 때문에 틀리지 마세요.

ㄹ) 밑줄을 긋자

어떤 선생님은 시험 문제를 출제할 때 아이들이 혼동하지 않도록 '아닌 것을 골라라.'라는 문장에 밑줄을 긋기도 해요. 그러면 분명 실수를 하는 학생들이 적습니다.

하지만 앞에서도 말했듯이 시험은 누가 더 실수를 적게 하느냐도 점수와 관련이 있어요. 그러니 시험 문제를 내는 사람은 위의 선생님 같은 친절보다는 오히려 함정 파기에 더 열심이죠.

이제는 문제를 읽으면서 밑줄을 치세요. 주의해야 할 문장, 그리고 답이 한 개인지 여러 개인지도 표시하세요. 문제가 복잡할 경우에도 밑줄을 그어 정리해 보세요. 그러면 함정에 빠지지 않고 문제도 훨씬 눈에 잘 띌 것입니다.

ㅁ) 검산과 검토를 한다

시험 시간에 문제를 다 풀었다고 멍하니 있거나 딴짓을 하는 학생이 있습니다. 정해진 시험 시간에 문제를 다 풀었다면 다행이지만, 누구나 다 실수는 있는 법! 다시 한 번 문제를 읽어 검토를 하고, 수학의 경우는 검산을 하세요. 다시 훑어보다가 틀릴 뻔한 문제를 찾으면 마치 잃어버린 소중한 것을 되찾은 듯한 기분이 들 것입니다. 그리고 답안지에 답을 적을 때에는 혹시 밀려 쓰지 않았는지, 빠진 곳은 없는지 반드시 확인하세요.

ㅂ) 쉬는 시간을 이용하자

시험이 끝나면 교실은 금방 시끄러워집니다. 서로 답을 맞춰 보기 때문이지요. 그러면 한숨과 탄성이 오가고, 책상에 엎드려 우는 학생도 있습니다. 그러나 이미 지나간 것은 되돌릴 수 없겠지요.

시험을 잘 봤든 못 봤든 이미 지나간 일입니다. 괜히 다른 아이들보다 시험을 망친 것 같다는 생각이 들면 다음 시험에 지장이 있습니다.

또 반대로 시험을 잘 봤다고 자만하다가는 다음 시험을 망칠 수도 있어요. 쉬는 시간에 다음 시험을 준비하세요. 오답 노트나 요점 정리 노트를 한 번이라도 더 훑어보면 도움이 될 거예요.

3. 시험 본 후

시험이 끝나면 거의 모든 학생들이 시험지를 내팽개칩니다. 해방감에 시험을 시험에서 끝내는 경우가 대부분이죠. 지난 시험지는 다시는 보고 싶지 않다고 해요.

보고 있으면 맞은 문제보다 틀린 문제가 눈에 들어와 속상하다고 합니다. 하지만 시험지를 잘 활용하면 제대로 된 공부를 할 수 있답니다.

시험은 공부한 내용 가운데 가장 중요한 것을 문제로 냅니다. 따라서 시험지를 풀면서 핵심 내용을 정리하고 틀린 문제를 다시 풀다 보면, 다음 시험에 큰 효과를 거둘 수 있습니다.

그리고 시험이 끝나고 반드시 해야 할 것이 오답 노트를 만드는 것입니다. 오답 노트는 지금뿐만 아니라 중학교, 고등학교에 가서도 반드시 만들어야 합니다.

시험 때마다 큰 도움이 되기 때문이지요. 오답 노트를 만들 때도 틀린 문제는 그 원인에 따라 다른 색깔로 표시하는 것이 좋습니다. 문제를 잘못 읽는 실수를 했다면 초록색, 헷갈렸던 문제는 파란색, 모르는 문제였으면 빨간색 하는 식으로 말입니다.

특히 찍어서 맞힌 문제는 반드시 표시를 해 두고 왜 정답인지를 확인하고 넘어가야 다음에 비슷한 문제가 나와도 틀리지 않습니다.

일등하는 아이들의 싫은 과목 정복하기

1) 원인을 찾자

모든 과목을 다 좋아할 수는 없을 것입니다.

싫어하는 과목이 생기는 이유는 과목 자체가 따분하고 흥미가 없거나, 공부를 해도 성적이 잘 안 오르거나, 아니면 선생님이 가르치는 방법이 마음에 안 들기 때문일 것입니다.

그렇다고 무시해 버릴 수는 없지요.

초등학생 때 혹 싫어하는 과목이 생기면 중학교, 고등학교에 가서는 더욱 심해집니다.

왜 그 과목이 싫은지 스스로 원인을 파악해 보세요. 원인을 찾아 조금씩 해결해 나가면 틀림없이 정복할 수 있을 것입니다.

2) 자기 최면을 걸자

학년이 올라갈수록 대부분의 여학생들은 수학이나 과학 과목에 흥미를 잃는다는 말이 있습니다.

하지만 그러한 성향이 있는 것이지 반드시 그런 것은 아니라고 생각해요. 내가 아는 어느 여학생은 수학을 아주 잘 했답니다. 지금은 중학생인데, 고등학교 수학도 풀 만큼 수학의 고수입니다.

여러분 아셨죠? 어떤 일이건 가장 중요한 건 튼튼한 기초랍니다.

덕!

기초

경시대회에서 상도 받았지요. 그런데 그 여학생은 원래 수학을 아주 싫어했어요. 여학생은 원래 수학을 못한다는 말을 듣고, 정말 포기하고 싶을 정도였다고 해요. 하지만 주위에서 대입에 수학이 아주 중요한 과목이라고 하니 이러지도 저러지도 못하고 아주 고민을 많이 했다고 합니다.

그러던 어느 날, 수학이라고 쓴 한자를 가만히 보니 수학의 수(數) 자에 계집 녀(女) 자가 있더래요. 순간 여학생은 무릎을 탁 쳤습니다.

"아, 수학은 여자와 아주 가까운 과목이구나. 못할 것도 없겠어."

그렇게 생각을 하고 나니 수학에 흥미가 생기고 재미있어졌다고 해요. 이제는 어려운 문제와 한판 승부를 벌이는 것이 즐겁다고까지 합니다.

여학생은 국어나 영어를 잘하고 남학생은 수학이나 과학을 잘한다, 그런 말에 속지 마세요. '~하더라.'라는 말에 섣불리 싫증내거나 포기하지 말고 마음 속으로 자기 최면을 걸어 보세요.

'나는 영어를 잘할 수 있어.' '수학은 내 밥이야.' 그러면 점점 흥미도 생기도 성적도 오를 것입니다.

3) 꾸준히 하자

왜 이 과목이 싫으냐고 물어보면 대답은 간단합니다.

"원래부터 싫어해요."

원래부터 싫어하는 과목은 없습니다.

원래부터 못하는 과목 역시 없구요. 다만 자신감이 없다 보니 흥미가 없을 뿐입니다. 한 학생이 학년 초 수학 시험에서 정말 형편없는 점수를 받았습니다. 고학년이 되면 좋고 싫은 과목이 뚜렷이 나타나는데, 특히 시험 점수가 별로면 대부분 그 과목은 등한시하게 되지요.

그런데 그 아이의 반응은 특이했어요.

"30점이네. 다음에는 100점 맞을 수 있을 거야."

그러면서 공부를 하기 시작하더라구요.

친구들은 그 학생의 말에 코웃음을 쳤고, 선생님도 조금 의심스러웠습니다. 30점이 단번에 100점이 될 수는 없으니까요.

게다가 수학에 푹 빠진 학생도 아니었습니다. 오히려 수학을 별로 좋아하지 않던 학생이었는데, 그 날 이후 문제집을 하나 정해놓고 꾸준히 푸는 것 같았습니다.

그러더니 신기하게도 조금씩 조금씩 점수가 오르더니 다음 학년으로 올라갈 때쯤엔 수학 성적이 올라 좋은 평가를 받았습니다.

그 학생의 성적이 오른 이유는, 물론 공부도 열심히 했지만, '100점 맞을 수 있을 거야.'라는 자신감 때문이었습니다.

자신감을 가지고 꾸준히 공부했기 때문에 성적이 오른 것이지요. '이 과목은 나랑 궁합이 안 맞아.' '이 과목은 해도 안 돼.'라고 포기하지 말고, 꾸준히 붙들고 노력해 보세요.

싫어하는 과목은 대부분 기초가 부족하기 때문에 단기간에 승부를 낼 수는 없습니다. 그만큼 꾸준히 해야 하고, 그러다 보면 분명히 좋은 점수를 올릴 수 있어요.

초등학교에서 한 공부는 중학교, 고등학교 공부의 기초가 됩니다. 중학교에 가서 잘하지 뭐, 하는 생각은 금물이에요. 초등학교 때 잘 익혀둬야 학년이 올라가도 잘할 수 있습니다.

4) 기초를 튼튼하게 세우자

싫어하는 과목은 공부도 하기 싫습니다. 그러다 보면 성적이 떨어지고, 성적이 떨어지면 흥미가 없고, 흥미가 없다 보면 공부하기 싫고……. 닭이 먼저냐,

달걀이 먼저냐 하는 식이지요. 하지만 어차피 해야 할 공부! 일단 교과서부터 잡으세요.

교과서를 읽다 보면 기초가 세워지고, 그러다 보면 수업 시간이 재미있어지고, 재미있으면 공부를 하게 되고, 그러면 성적도 오르고……. 좋은 의미에서 닭이 먼저냐, 달걀이 먼저냐가 되는 거죠. 너무 기초가 부족하다고 생각되면 지난 학년의 책부터 공부하는 것도 좋습니다.

5학년이 4학년 것을 공부한다고 해서 창피하게 생각할 필요 없어요. 고등학생 가운데는 영어, 수학의 기초를 다시 닦기 위해 중학교 책을 다시 보는 학생도 있습니다. 기초가 없는 상태에서 어려운 책을 붙잡고 있는 것보다는 학습 능력이 더 오르기 때문이에요.

일단 기초가 잡히면 그 다음은 편합니다.

그야말로 공부하는 대로 점수가 나옵니다. 그러니까 동생들의 책을 공부한다고 부끄럽게 생각하지 마세요. 늦었다고 생각할 때가 가장 빠른 법! 조금이라도 빨리 기초를 쌓아 두면 앞으로 공부하는 데 많은 도움이 될 것입니다.

5) 새로운 공부 방법을 개발하자

공부는 반드시 교과서만으로 해야 한다는 법은 없습니다.

교과서가 기본 설명이 잘 되어 있기 때문에 무시할 수 없지만, 다른 방법으로도 공부를 할 수 있어요. 특히 싫어하는 과목을 공부할 경우에 교과서조차 보기 싫다면 다른 방법을 찾아보세요.

가장 재미있는 것이 만화책을 읽는 것입니다. 요즘은 재미있는 만화책이 많이 출판되고 있어요. 역사, 과학, 수학, 영어 등 대부분 교과서와 관련된 것이기 때문에 그런 책들을 많이 읽어두면 자연히 수업에도 흥미가 생길 거예요. 그리고 사전을 찾아보는 것도 재미있는 방법입니다.

영어 단어의 경우 사전을 찾다보면 재미있는 내용을 발견할 수 있어요.

apple이라는 단어가 '사과'라는 것은 다 알 것입니다. 그러면 apple이 미국의 도시인 '뉴욕'을 말한다는 것을 알고 있나요?

한번 사전을 찾아보세요. 백과사전을 찾아보는 것도 좋은 방법입니다. 과학의 경우, 도감이나 백과사전에는 설명은 물론이고 사진과 그림 등이 함께 실려 있어 이해하기가 쉬워요. 사회도 만약 중국에 대해 공부할 때 백과사전을 찾아보면 중국에 대한 역사, 문화, 사회 등 많은 내용이 자세히 실려 있습니다!

자연히 만물박사에 척척박사가 되는 거죠. 싫어하는 과목은 우선 흥미를 끌어내는 것이 중요합니다. 공부를 해야 한다는 의무감보다는 재미있는 부분을 먼저 발견해 보세요. 그러면 싫은 과목은 없어질 것입니다.

6) 선생님을 좋아하자

졸업생 가운데 한 학생이 영국으로 유학 갈 준비를 하고 있다며 찾아왔어요.

솔직히 영국이라고 해서 깜짝 놀랐습니다. 졸업하기 전까지 영어를 무척 싫어했던 학생이거든요.

그런데 영국으로 유학을 간다니 정말 의외였어요. 그 학생 말이, 중학교에 올라가니 각 과목마다 선생님이 달라 재미있는 선생님도 있고 멋진 선생님도 있더래요. 그 가운데에서도 영어 선생님이 너무 멋져 한눈에 반하고 말았대요.

그래서 어떻게든 선생님에게 잘 보이려고 하다 보니, 영어 공부를 안 할 수가 없었고……. 그래서 시작한 영어 공부가 이젠 욕심이 생겨 아예 유학 준비를 하고 있다고 합니다. 수학 과목이 싫으세요? 영어 공부하는 게 짜증나나요?

그러면 선생님을 한번 다시 보세요. 수학을 가르칠 때 더욱 똑똑해 보이는 선생님, 발음이 환상적이라 닮고 싶은 영어 선생님, 털털한 게 매력인 과학 선생님…….

선생님에게 관심을 가지고 좋아하게 되면 자연스레 그 과목에도 흥미가 생길 거예요. 일단 과목에 흥미가 생기면 싫은 과목을 정복하는 것은 누워서 떡 먹기입니다.

7) 시험 공부는 싫어하는 과목부터

보통 자신 없는 과목은 뒷전으로 밀어놓기 쉽습니다.

그러다 보면 공부하기가 더 싫어지고 귀찮아지죠. 이제는 공부 순서를 바꿔 보세요. 예습 복습을 하거나 시험 공부를 할 때, 맨 먼저 싫어하는 과목부터 공부하도록 하세요.

물론 처음부터 오랫동안 붙들고 있을 수는 없겠지만, 차츰 시간을 늘려 가면 집중도 되고 시험 성적도 올릴 수 있을 것입니다.

21세기 digital 학습 전략 / KTC 기획팀 / KTC / 00. 10.

공부 뒤집기 / 이명준 / 송림 / 97. 6.

난 영어 공부 이렇게 했어요 / 심현석 / 지원북클럽 / 01. 12.

내 아이 영어 교육, 어떻게 해야 하나 / 이완기 / 중앙교육진흥연구소 / 97.

내 아이 영어도사 만들기 / 이은미 / 은행나무 / 02. 2.

넌 죽어라고 공부하니? 난 집중해서 공부한다 / 유미현 / 평단문화사 / 00. 1.

미국 초등학생들은 어떻게 영어를 배울까 / 메리베스소자 / 눈과마음 스쿨타운 / 02. 1.

서울대를 꿈꾸려면 공부 방법과 습관을 정복하라 / 김동환 / 서교출판사 / 00. 11.

성공하는 7가지 영어 학습전략 / 이미재 / 와우출판사 / 01. 9.

아이들 공부는 습관이다 / 편집부 / 오리진 / 94. 6.

아이의 영어는 부모하기 나름이다 / 이창수 / 한뜻 / 97. 2.

아줌마의 설렁설렁 잉글리쉬 / 이영미 / 조은문화사 / 01. 1.

알면 천재 모르면 바보 영어 상식⑥ / 청솔 / 94. 10.

엄마, 영어 방송이 들려요 / 이남수 / 길벗이지톡 / 01. 6.

영어 공부 절대로 하지 마라 / 정찬용 / 사회평론 / 99. 7.

영어 잘하는 아이 이런 엄마 곁에서 자란다 / 김미영 / 넥서스 / 00. 8.

우등생과 열등생은 공부 방법 차이 / 탈무드공부방법연구원 편저 / 서교출판사 / 01. 1.

우리 아이 영어 아홉 살에 끝냈어요 / 곽유경 / 사회평론 / 01. 10.

우리 아이가 영어 동화에 푹 빠졌어요 / 김인경 / 풀빛 / 01. 7.

우리 아이 공부 방법 / 윤상복 / 웅진출판사 / 94. 12.

초등영어 이렇게 가르쳐라 / 최인철 / 조선일보사 / 97. 3.

http://210.217.245.140/abel63/mathed1.htm

http://210.218.41.140/goresil/reading1.htm

http://hinuri.net/hakseup/010kukyoungsu.htm

http://hong99.com.ne.kr/jinhak/bibeob4.htm

http://imunhak.com.ne.kr/anys/anwon4.htm

http://isaci.nayana.org/class/04/main04-2_01.htm

http://kskor.hihome.com/korgong.htm

http://members.tripod.lycos.co.kr/jc85min/korstu.htm

http://sangaram.netian.com/sh-gonbu.htm

http://www.1318class.com/parents/four_sorts_of_method.asp?division=science

http://www.bookacademy.co.kr/b5/main1_3.htm

http://www.i-aladin.com/GoodStudy/StudyPlan_06.asp

http://www.pilgi.com/bibub/content.asp?idx=103

http://www.woosuk.hs.kr/beststd02.htm

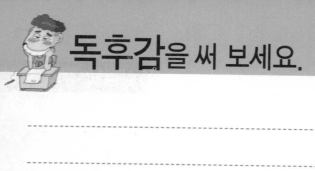

독후감을 써 보세요.

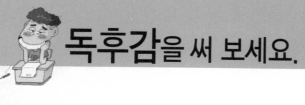

독후감을 써 보세요.
